人生のピークを90代にもっていく！

折り返し地点から、「死ぬまでハッピーな人生」をつくる

枝廣淳子
Junko Edahiro

大和書房

幸福とは、望んだものを手に入れることではなく、
持っているものを望んでいる状態のことだ

——ハイマン・シャハテル（ラビ）

はじめに
――世界中の幸福度研究から学んだこと

幸せなことに、自分のこれまでを振り返ってみると、20代より30代、30代より40代、40代より50代と、どんどん自由になり、幸福度がアップしている実感があります。

かつては「人は一ヶ所に住むもの」「一度結婚したら添い遂げるべき」と当然のように思っていましたが、人生の午後にさしかかり、そういったもろもろの思い込みや前提をするりするりと脱ぎ捨てた結果、「今ほど自由で幸せな時はないなあ！」という毎日です。

そして、50代の今は、「人生のピークを90代にもっていこう！」と本気で考えています。90代に向かって、緩やかなカーブを上昇中なのです。

なぜ、そんなふうに思えるのか？

それは世界中の幸福度研究から、人生の後半を幸せに生きていくための秘訣をいっぱいもらっているからです。そして、いろいろな工夫を試していくこと自体がとても楽しいからです。

私は、20年ほど前から環境問題に取り組んできました。その中で、「幸せとは何か、経済や社会のしくみはどうあるべきかを考えることなく、環境問題を本当に解決することはできない」との思いに至り、２０１1年1月に、幸せ経済社会研究所を設立、勉強や研究・実践活動を続けています。

ＧＮＰ（国民総生産）ではなくＧＮＨ（国民総幸福量）という独自の指標を掲げ、その最大化を目標としている幸せの国・ブータンの政府の「国際専門家委員会」の一員として、世界中の幸福研究の第一人者のネットワークに加わり、学んだり議論したりする機会を得ています。

島根県海士町《あまちょう》や熊本県の南小国町《みなみおぐにまち》や水増《みずまさり》集落、北海道下川町《しもかわ》などで、人口減少と高齢化の進む日本において、「人々の幸福度をどう測るか」「自分たちらしい幸せとは何か」という研究や調査のお手伝いなどもさせてもらっています。

また、7年前から日本の東洋思想研究の第一人者である田口佳史《よしふみ》先生のもとで、中国古典の勉強をさせていただいています。

このような経験から得てきた学びや知見には、**「本当に幸せな『人生の午後』を生きるには、どうしたらよいのか？」のヒント**がいっぱいあります。


たとえば、世界の幸福研究から、富や健康状態よりも、人との関係性が幸福度に大きな影響を与えることがわかっています。

ハーバード大学医学大学院の研究チームが、何千人もの人たちを対象に、健康と幸福に関する長期の追跡調査を実施した研究があります。最も幸福感が高いのは、最も裕福な人たちでもなければ、最も大きな業績を成し遂げた人たちでもありませんでした。**幸福感の高さと最も強い関連性が一貫して認められた要素は、「親しい友達がどの程度いるか」**だったのです。

東洋思想の教えは、「幸せとは外界にあるのではなく、自分の内に見いだすものである」ことを繰り返し説いています。「足るを知る者は富む」という言葉はよく知られています。

また、本土からフェリーで3時間、海が荒れると生活用品を運ぶ船すら欠航になる離島・海士町の幸せの源泉の1つは、「ないものはない」というスピリットです（フェリーのターミナルに着くと、所狭しと貼られているこのポスターが迎えてくれます！）。

「ないものはない」には、「ないものはない。なくていい」という潔さと、「ないものはないぐらい、幸せのために必要なものはすべてある」という充足感の2つの意味があります。これぞ、幸せな午後の生き方ではないか。

「人生の午後を幸せに生きるヒントがたくさんある。自分でもいろいろ工夫して、効果のあるもの・ないものがわかってきた。それをぜひ多くの方にお伝えしたい！」

そんな思いで、この本を書くことにしました。

本書を通して、ぜひお届けしたいメッセージは、大きく3つです。

1つめは、「人生の午前中の義務（会社勤め、子育てなど）からリタイア（引退）するからといって、自分の人生からリタイアしないこと！」。

2つめは、自分の外にあるものを追いかけて獲得することで満足するという、「幸せの外部依存度」を減らし、あるがままの自分に幸せを感じられる、「幸せの自給率」を高めていくこと。

3つめは、いくつになっても革新し続ける、しなやかで生命力あふれる人でいること。

ではどうしたら、そんな生き方ができるのでしょうか?

その答えをこれから書いていきます。

本書が、死ぬ瞬間まで自分らしくイキイキと幸せな人生を送りたい、というあなたのお役に立つことができれば、これ以上うれしいことはありません。

人生のピークを90代にもっていく!

CONTENTS

序章

幸福寿命を延ばす「HHK《ハピハピコロリ》の法則」

第1章

メンタルモデルのゆるめ方

90代にピークをもっていく！

第2章

バックキャスティングでビジョンを描く

90代にピークをもっていく！

第3章

タイムマネジメント

90代にピークをもっていく！

第4章

90代にピークをもっていく！ 楽しく成長し続ける

第5章

90代にピークをもっていく！
心の使い方

第6章 人や社会とのつながり方

90代にピークをもっていく！

序章

幸福寿命を延ばす「HHK《ハピハピコロリ》の法則」

人生の午後を、「終活」に捧げないで！

「人生の最後をどう過ごすか」というテーマに関心が集まっています。

エンディングノートをつけたり、セミナーに参加したり、モノや住まいそのものの身辺整理をしたり、お墓の準備をしたり。

こういった「終活」は、もちろん大事なことです。特に、遺される家族のことを考えるとそうですね。

また、「下流老人」（収入も貯蓄も頼れる人もなく、生活が困窮、またはその恐れのある高齢者）という、あまりうれしくない言葉が喧伝され、「そうならないために！」と、老後に向けての財産形成・維持のための、「どう貯めるか、どう運用するか」というセミナーや書籍もたくさんあります。

言うまでもなく、最低限の暮らしができることは、幸せな人生の基盤です。

年金制度などへの信頼が薄れてきている現在、老後のための資金確保も大事なことでしょう。

でも、老後の資金確保や終活をきちんとすれば、人生の最後の20年、30年をイキイキと幸せに生きていけるのでしょうか？

お金が確保でき、終活が整っていたとしても、本人が人生最後の数十年を幸せに生きていけるという保証はありません。

終活もいろいろと手間ひまがかかると思いますが、それでも、何年もかかるものでもないでしょう。こう考えると、大事なのは、**「終活を終えてから、最期を迎えるまで」の年月をどう生きていくか**、ではないでしょうか。

まして、まだ50代、60代の人が、「人生の終え方」に意識を向けるのは、早すぎます。

子育てや仕事のあれこれが終わったら、「これからやっと、自分の人生を思いっきり楽しむ！」という、自分の時代のはじまりなのだと思いませんか？

会社での仕事や子育ての心配が終わると同時に、人生の終わり方の心配が始まるのでは、あまりにもせつない。

「これから迎える自分だけの時間を、どう生きるか」にフォーカスしたほうが楽しいし、満ち足りた最期を迎えられると思うのです。

HHK(ハピハピコロリ)をめざしましょう!

日本は世界に誇る長寿社会です。それはそれでめでたいことでしょうけど、「ただ長生きすればいいというわけではない」——長寿県である長野県の「ぴんころ地蔵」への参拝者が絶えないそうです。

「ぴんころ」、つまり、「死ぬ直前まで寝たきりにならず活動できる『ピンピンコロリ(PPK)』がいい!」——大事なのは、単なる「寿命」ではなくて「健康寿命」だ、という考え方に、「そうだよなあ」と思う方も多いでしょう。

健康寿命とは、健康上の問題がない状態で日常生活を送れる期間のこと。平均寿命と健康寿命の間には、男性で約9年、女性で約13年の差があるそうです。

「ピンピンコロリ」は、「寿命=健康寿命」で人生を終えられるということ。ほとんどの人が、「ぜひそうありたい!」と思いますよね。「健康寿命を延ばしたい!」というのは、人として自然な願望です。

「健康寿命を延ばすために、こういうことに気をつけよう、こういうことをやろう」というアドバイスもいろいろあります。

でも、それだけではないはず！

私は「**『ハピハピコロリ（HHK）』**がいいなあ！」と思っています！

死を迎える時まで、ハッピー、ハッピー。

「自分は幸せだなあ、幸せな人生だったなあ」と思って死んでいける人生です。

延ばしたいのはズバリ、「幸福寿命」なのです。

「幸福寿命」とは、「自分はおおむね幸せだと思いながら、毎日を生きている期間」です。寝たきりにならず、自分で問題なく動ける「健康寿命」の持ち主でも、「自分は幸せではない」と思いながら生きている人もいます。逆に、たとえ寝たきりでも、「自分は幸せだ」と感謝しながら生きている、幸福寿命の持ち主もいます。

私の理想は、「寿命＝健康寿命＝幸福寿命」の人生ですが、どちらかを選べと言われたら、「幸福寿命」を選びたいなあと思います。

「勤め上げ」「育て上げ」てからの30年をどう過ごす?

「HHK(ハピハピコロリ)」人生を迎えるために必要なこと。

それは、「人生のピークを90代にもっていく!」という意識です。


現在の私は50代。昔だったらそろそろ人生が終わろうかという年齢にさしかかっています。でも、私はいま90代のピークに向けて、ゆるやかに上昇中です。

もちろん私も、かつては会社に勤めていて、人生に対して、こんなイメージを持っていました。

「若い頃から人生の後半に向けて、上昇していくが、定年退職で会社勤めを終えると、がくっと下がる」

左ページの図のような感じです。

今でこそ、中途で転職したり独立したりする人も増えていますが、私が社会に出て働き始めた頃は、「定年まで勤め上げる」人がほとんどでした。多くの人が、私と似たような「人生イメージ」を持っていたのではないかと思います。

私が学生だった1980年代は、女性の場合、「24（歳）までに売れなきゃだめ」という「クリスマスケーキ」という言葉が残っていて、「寿退社」もふつうのことでした。

私が就職して社会に出る頃に「男女雇用機会均等法」ができ（1986年施行）、「寿退社」はほぼ死語となり、その後は出産後も勤め続けることがふつうになってきました。

かつての日本は、女性は出産や育児によって退職することが多かったため、30代を中心に働く人が減る「M字カーブ現象」が顕著でしたが、現在では、30代が底上げする形で、15～64歳の女性の7割が働いています。パー

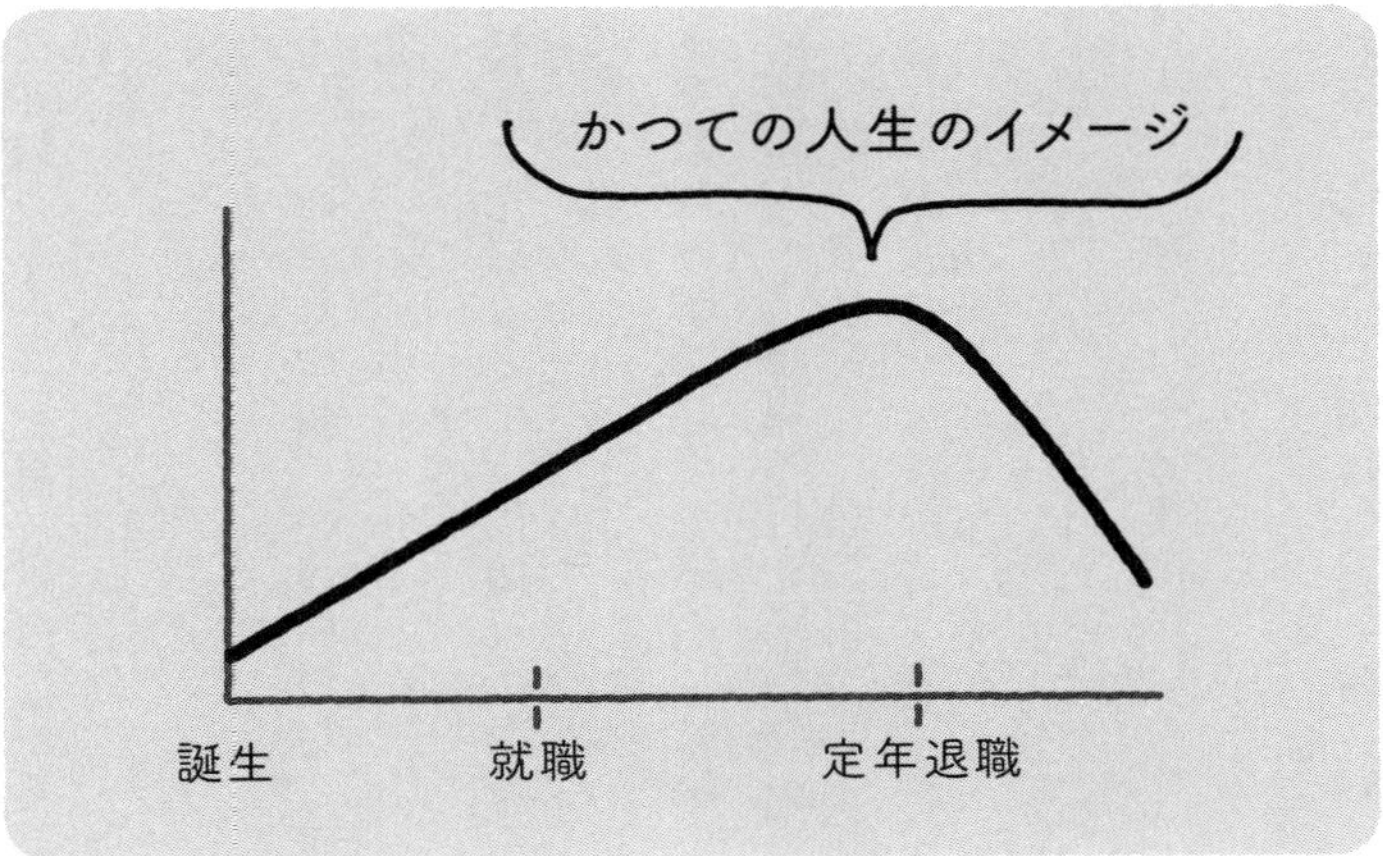

トやアルバイトで働くことも含めて、育児や介護などのハードルを乗り越えながらも「何とか定年退職の年齢ぐらいまで勤め上げる」人が多いことがわかります。

私自身は、大学院を出てから一般企業に就職しましたが、その後、いろいろなご縁や人生の展開から、企業を辞めてフリーランスの通訳者・翻訳者という自営業者になりました。その後、小さな会社やＮＧＯ（非政府組織）を設立して、環境・エネルギー問題、地方創生や持続可能で幸福な社会づくりに取り組んできました。

大学院生だった23歳の時に結婚、子ども2人が手を離れた頃、46歳で卒婚（結婚を卒業！）、その後は、子どもたちや近くに住む（徒歩26歩！）両親と行き来しながら、ずーっと仕事を続けています。

自営業者にも経営者にも、環境・社会活動家にも、定年はありません。そんなある日、「そうか！」と気づいたのでした。会社勤めをしていた頃の、「だんだん上昇して、定年を迎えるとがくっと落ちる」という人生イメージに縛られる必要はないんだ！と。

かつての「勤め上げる」とか「子どもを育て上げる」という表現は、言い得て妙だったなあと思います。勤め上げたら、育て上げたら、「上がり」なのです。昔は寿命が50歳ぐらいでしたから、「上がり」＝人生の上がりでした。

でも、今は違います。

日本人の平均寿命は男性が80歳ちょっと、女性は87歳を越えています。**勤め上げ、育て上げても、「人生、上がり」ではありません。そこからさらに20年、30年と人生が続きます。**

この残りの20年、30年をどう生きていくのかが、人生全体の納得度を大きく左右する時代なのです。

だからこそ、50代・60代は、「90代のピークに向けて上昇カーブを描く真っ只中！」というわけです。

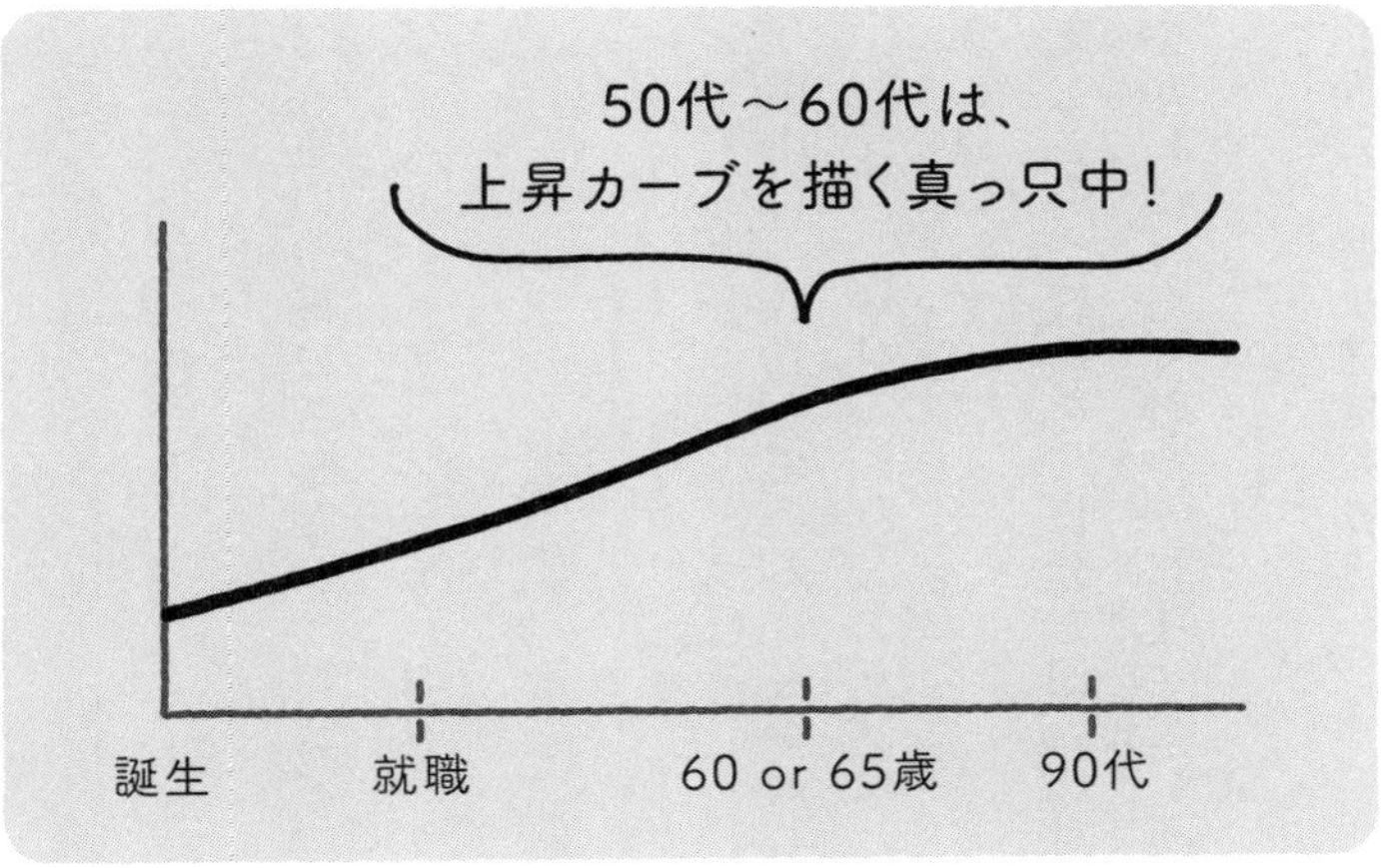

人生の午後は、生き方を変える

「人生の午前中と午後では、生き方が違ってくる。人生の午後にさしかかった時に、午前とは違う、より豊かに成熟した生き方にシフトしていけるかどうかが、中年期の大きな課題の一つだ」

心理学者カール・ユングは、こう言っています。

「人生の午後」という見方をしてみると、人生の午前中に大成功しているにもかかわらず（というか、まさしくそのせいで？）、午後に入っているのにその生き方を変えることができずに、不幸になっている人も多いように思います。

他方、人生の午後になってから、それまでの大変な苦労や経験を、自分と他人に対する懐の深さとほほえみに換えて、ますますしなやかに凛々しく軽やかに生きている人もいます。

「人生の午後」――いろいろ考えさせられる深い言葉だと思いませんか？

私がユングの「人生の午後」というメッセージに初めて出会ったのは、20代の頃でした。それからずっと、その意味を考え続けています。

「人生の午前から午後にシフトする」とは、1つには、**「自分の人生の成功を何で測るか」という物差しを替えていく**ことではないか、と思っています。

先ほどの、横軸に年齢を置いたグラフを見てください。片方は、定年退職あたりでピークに達して、あとはがくっと下がる。もう1つは、定年退職後も、90代に向けてゆるやかに上昇していく。その時、縦軸は何でしょう?

若い頃は、「体力」「収入」「他人からの評価」などかもしれません。

そういったグラフだけを握りしめていたら、どうしたって、年齢を重ねるにつれて、つらくなっていきます。年を重ねれば、人生の午前中のようには、身体も動かなくなります。収入も減るか、ゼロになるでしょう。仕事関係の知り合いもいなくなります。そうすれば、特に男性は、友人関係が変わっていきます。

そして、人に褒められたり評価してもらったりする機会も、がくんと減ってしまうかもしれません。

人生の午後には、この縦軸の物差しを「幸福度」に替えること。これが、幸せな人生のコツだと思うのです。

近年めざましく発達してきた幸福度研究の知見から、**収入や健康状態すらも、幸福度に影響は与えるものの、その人の幸福度を決めてしまうほどの大きな要因ではない**ことがわかっています。

収入がなくなっても、健康でなくなっても、幸福であり続けることは可能です。幸福寿命を寿命まで延ばすことができるのです。

人生の午後を生きるとは、「枯れる」ことではありません。

開き直って老害をまき散らすことでもありません。

社会の迷惑になってはいけないと遠慮して、肩身を狭くして生きることでもありません。

自分らしい豊かな時間を、自分のペースで生きる。それが人生の午後の幸せな過ごし方ではないでしょうか。

幸せには2種類ある

ところで、そもそも「幸福」って何でしょう？

あなた自身にとっての「幸せな人生」って、どういう人生でしょうか？

現在の幸福度研究で最も多く用いられている「幸せの測り方」は、直接「あなたは幸福ですか？」と質問し、「とても不幸せ」から「とても幸せ」までの数段階の尺度で答えてもらうものです。

「生活満足度」を測るものもあります。内閣府が行っている「国民生活に関する世論調査」では、「あなたは、全体として、現在の生活にどの程度満足していますか」として、「満足している、まあ満足している、やや不満だ、不満だ、どちらともいえない、わからない」から選択する質問があり、この結果が「日本人の幸福度」としてよく用いられています（ちなみに、２０１８年６月の調査では「満足」「まあ満足」が計74・7％、「不満」「やや不満」が計24・3％となっています）。

このように、人生や生活の満足度といった「満足」が幸せにつながっていることは、だれも否定しないでしょう。
たとえば……

●望んでいた昇進がかなって満足する→幸せを感じる。
●欲しかったバッグがようやく買えて満足する→幸せを感じる。
●「愛している」と言ってもらえて満足する→幸せを感じる、などなど。

これらは「欲しいものを手に入れる」という幸せです。
しかし、これ以外にも、大事な幸せがあります。
幸せには2種類あるのです。

1、「欲しいものを手に入れた時の満足・幸せ」
2、「何もなくても、満ち足りていると感じる満足・幸せ」

この2つです。

日本語の「満足」を表す英語には、satisfaction と contentment という2つの単語があります。スウェーデン語にも、tillfredsställd と nöjd という、2種類の「満足」を表す言葉があるそうです。

日本語で「満足」という時には、「サティスファクション」とカタカナでも使われる、satisfaction のイメージが強いのではないかと思います。

サティスファクションは、欲望が満たされた時に感じるものです。つまり先ほどの「欲しいものを手に入れる」という幸せです。

まずは「昇進したい」「新しいバッグが欲しい」「愛していると言って欲しい」といった欲望（desire）があって、「昇進」「バッグ」「愛の言葉」という、その欲望を満たすもの（satisfier）が現れてはじめて、満足（satisfaction）を得られる、という具合です。

それに対して、もう1種類の満足である contentment は、何らかの欲望が満たされたから感じるものではありません。ただありのままで、「これで十分だ」と思えること。つまり、「足るを知る満足」です。

ラビのハイマン・シャハテルは、「幸福とは、望んだものを手に入れることではなく、持っているものを望んでいる状態のことだ」と言いました。老子は「足るを知る者は富む」と教えています。

たとえ、客観的に十分でなくても、自分でも十分だと思っていなくても、それでも「これでいいんだ」としみじみ思える幸せです。

私も何かの折に、「自分はまだまだだけれど、それでも、自分が今の自分でいられるのは、両親をはじめ、多くの人々のおかげなんだよなあ」と、生かされているありがたさを感じることがあります。他人との比較や、だれかから誉められたから、認められたから、という外からやってくる幸せではなく、自分の内からしみじみと湧き上がってくる幸せです。

satisfaction は「欲しいものを追いかけて、獲得する幸せ」。

contentment は「あるがままで、しみじみと湧き上がってくる幸せ」。

人生の午後にふさわしいのは、後者ではないでしょうか。

「足るを知る幸せ」で、最期の瞬間まで満たされた人生に

まずは、満足や幸せには2種類あると区別すること。

次に「人生の午前中の幸せ」から「人生の午後の幸せ」にシフトしていくこと。

これが、寿命が尽きる瞬間まで幸せな人生を生きていく鍵だと思うのです。

人生の前半は、いろいろなものを追いかけて、そのために自分のさまざまなスキルを磨き、成長していきます。そこでは「追いかけて獲得する幸せ＝satisfaction」が大きな原動力でもあり、成果物でもあります。

ただし、この「追いかけて獲得する幸せ」には、「慣れてしまう」という側面があります。「欲望が満たされた」という刺激に対して感じるものなので、消えていくのです。

職場で昇進したらうれしいですよね？

欲しかったバッグが手に入ったら幸せですよね？

待ちに待った「愛している」の言葉をもらえたら、本当にうれしいですよね？

でも、半年後も2年後も、その満足や幸せは続くでしょうか?

いつのまにか、その幸せに慣れてしまって、「次は部長になりたい」「次はあのバッグが欲しい」「愛してるって、もっと言って欲しい、いつも言って欲しい」と、次の欲望が出てきます。その欲望が満たされるまでは、「満足できない」「幸せではない」状態が続くのです。

もちろん、この「不足感」が次のスキルアップやキャリアアップのモチベーションになって、人を成長させていくという側面もあります。しかし、いつまでも「追いかけて獲得する幸せ」だけに頼っていると、人生の午後には、あまり幸せではなくなってきます。体力、収入、評価といった人生の午前中に大事だったものは、どうしたって手に入らなくなっていくからです。

少しずつそうなってくるであろう人生の午後に、「あるがままで幸せ。たとえ足りなくても、これでいいんだ」という、内側からしみじみと湧き上がる幸せを感じられる自分になっていたとしたら、最期の瞬間まで幸せな人生を送れることでしょう。

足りないもの、手に入れられないものを数えて不幸になるのではなく、生かされていること、いま持っているものを持てていることを「本当にありがたいことだ」としみじみ思って、内側から満たされる幸せ——人生の午前中と同じように、いろいろな活動を元気に続けていくけれど、satisfaction だけでなく、contentment にも浸れる、そんな人生の午後を生きていきたい。私はそう思っています。

「しみじみと湧き上がってくる幸せ」は、言ってみれば幸せの自給自足。出かけていって外から獲得してくるのではなく、自分の内側から芽生えてくる幸せです。

もっとも、自給自足とはいえ、何もしないでいたら、「あるがままの幸せ」は得られません。

「成功」の反対語は、「失敗」ではなくて、「何もしないこと」だと、私はよく言うのですが、何もしないこと、何も変えようとしない状態では、前向きなエネルギーが生まれません。

人生の午後を生きていく上では、自分の外にある名誉や収入を取りに行く必要はありません。でも、自分の中ではいつも新しいアイディアや変化が生まれ続けている

――年齢に関係なく、そんな創造力と生命力にあふれているからこそ、「しみじみと湧き上がってくる幸せ」を感じることができるのだと思うのです。

「幸せの自給率」を高めていこう

「幸せの自給率を高めること」が大事な鍵の1つです。自分の幸福度が、周りの人や社会の状況によって左右されるのは、人生の午後になったらできるだけ避けたいものです。

家族の機嫌が悪いから。
近所の人が挨拶してくれなかったから。
株式市場が思わしくないから。

自分の外にある何かのせいで自分の幸福度が変動してしまうとしたら、せつないでしょう。だって、自分には変えようのない状況によって、自分の幸福感が揺さぶられてしまうのですから。

そうではなくて、「自分の幸福度のたづなは自分で握る」こと。

他人や社会の言動や動向にかかわらず、自分の幸福度を保つことができれば、コワイものはありません！　そう、そのためには「幸せの自給率」を高めていくことです。「〇〇さんが～だったら」という条件付きの幸せではなく、「自分がこうすることで幸せでいられる」という、powered by myself（自分自身が原動力となる）型の幸せを見つけましょう。

「幸せの自給自足」と「孤立」は違う

気をつけたいのは、あるがままの「足るを知る幸せ」にシフトし、幸せの自給率を高めるといっても、周りや社会から孤立して生きる、ということではないということ。別にひとりで生きていく必要はありませんし、そもそも人間はひとりでは生きていけません。

ポイントは、周りの人や社会とのつきあい「だけ」では幸せになれないと覚えておくこと。まして、人との関係性に依存してしまったら、「あの人が自分を大事にしてくれたら幸せ」→「あの人の気持ちや歓心を得なくては」と、「獲得する幸せ」に逆戻りしてしまいます。

本当の意味での「大人の関係性」とは、お互いにもたれかかり合う関係性ではなく、それぞれが自分の足でしっかり立った上で、相互にやりとりをするものではないでしょうか。依存から自立へ、そこからさらに真の相互依存へと展開していけるのです。

ひとりでいても幸せ。みんなといても幸せ。そんな人をめざしましょう。

幸せといっても、刹那的・いっときの幸せでは意味がありません。今日は幸せだけど、そのせいで明日不幸になるのはゴメンですよね？

「今日幸せであること、そして、今日幸せであることが明日の幸せを損なわないこと」——〝持続可能な幸せ〟〝幸せの持続可能性〟を考えていきたいものです。

「創造し続ける人」のススメ

ここまで幸せについて書いてきましたが、実際にそうなるには、どうしたらいいのでしょうか？

まずは、「自分の人生からリタイアしないこと」。

人生の午後は、上昇気流に乗っていた人生の午前中に比べれば、できないこと、思い通りにならないことも増えていくかもしれません。でもそれは、新しい意味や意義を見つけるチャンスでもあるのです。形や内容は変わっていっても、いつまでもチャレンジし続けることをあきらめずにいましょう。

そして、自分の人生からリタイアしないコツは、「いくつになっても、創造し続ける人」でいることです。

「創造し続ける人」とは、発明をしたり、アートを発表したりする人というわけではありません。

新しい考え方や、自分とは違う考え方にオープンな人。
自分でもどんどん新しいアイディアや工夫を生み出す人。
新しいことや工夫を試してみる人。
思い込みや社会通念に縛られない人。

……こういう人は皆、「創造し続ける人」です。

「これはこういうものに決まっているのだ」と決めつけない。

「こうかもしれないし、違うかもしれない」と考える。

「これまでの考え方は脇に置いて、まっさらで考えるとしたら、どうだろう?」と工夫する。

こんなふうにしなやかにのびのびと考え、行動できる人は、創造力に富み、生命力にあふれる人です。

「それ、違うんじゃない?」と人に言われれば、「あら、そうかしら?」と竹のようにしなり、「そうねえ、じゃ、こういう考えはどう?」と新しい何かを創り出す。

そういう人のところには、ますます多くの多様な考えや人が集まるようになり、ますます大きな創造性が発揮されるようになります。

その一方で、「それ、違うんじゃない?」と人に言われて、「そんなこと、あるものか! 昔からそうに決まっている!」と反発する人は、頑強に見えて、とてももろいのです。しなる強さを持っていないからです。
「柔弱は剛強に勝る」と老子が言っているとおりなのです。

「人生のピークを90代にもっていく！」プラン

周りや社会の多様な人々とのやりとりも、創造力につながります。
なぜなら、創造は同質なものからは生まれないからです。異質なもの・多様なものがあって初めて、新しいものが生まれるのです。自分自身の創造力・生命力という観点からも、他人や社会とのつきあい方は極めて重要です。

幸せの自給率を上げるために、自分らしさを大切にして創造的になる。
創造的になるために、多くの人とかかわっていく。
この両軸で幸せの自給率を上げ、人生のピークを90代にもっていきましょう。

そこで本書は、こんなふうに展開していきます。

第1章では、こだわりを捨てるためのメンタルモデルのゆるめ方を。
第2章では、自分らしいビジョンの描き方を。
第3章では、時間を味方につける方法を。
第4章では、いくつになっても成長し続ける力を。
第5章では、心をしなやかに保つ方法を。
第6章では、人や社会とのつきあい方について。

さっそく、説明していきましょう。

第 1 章

90代にピークをもっていく!

メンタルモデルのゆるめ方

01

自分で自分を縛るメンタルモデルとは？

人生の午後を生きるにあたって、まず大事なことは、これまでは当然のこととして生きてきた、「○○とは、こういうものだ」という無意識の前提に気づいて、ゆるめること。それができれば、もっと自由に、もっと新しい自分を生きられるようになります。

「○○とは、こういうものだ」という無意識の前提のことを、「メンタルモデル」と呼びます。「メンタル」（頭や心の中）にある「モデル」（現実を単純化したもの）のことです。私たちのだれもが持っている「○○とはこういうものだ」「△△はああいうものだ」という、現実を単純化したイメージのことです。

たとえば、「あの人は頼りにならない人だからねえ」なんて言ったりします。「あの人＝頼りにならない人」は、その人についての現実をかなり単純化したものですよね。でも、「あの人はこういう面もあるが、こういうところもある」……というように、多面的で複雑な実際の現実をすべて考えに入れようとすると、タイヘンになる。そこで、単純化したイメージで考えているのです。

そして、「あの人＝頼りない人」というメンタルモデルを持っていれば、あの人に大事なことを頼んだりはしないでしょう。メンタルモデルには、私たちの行動を左右する大きな力があるのです。

このように、私たちは「だれか」についても、「何か」についても、もちろん「自分自身」についても、現実を単純化したイメージ、つまり、メンタルモデルを持っています。その多くは、無意識のうちに持っているものなので、持っていることにすら気づいていません。しかし、**意識の有無にかかわらず、メンタルモデルは私たちの行動に大きな影響を与えます。**

02

「心の足かせ」を外す

もしもあなたが、「自分は何をしてもダメな人間なんだ」というメンタルモデルを持っていたとしたら、厳しい言い方になりますが、何をしてもダメでしょう。

それはあなたの能力や性格のせいではありません。**人は「自分とはこういうものだ」という無意識の前提に、自分の行動をあわせてしまうもの**だからです。

「うまくいかない、何をしても失敗ばかりだ」という悩みを抱えたある人の話を聞いていた時のこと。いろいろと尋ねていくうちに、本人も意識していなかったのですが、まさに「自分は何をしてもダメな人間なんだ」というメンタルモデルを持っていることがわかりました。

そこで、「そうかもしれないけど、たまにはダメじゃない時もあるんでしょう?」と問いかけて考えてもらった結果、「自分はほとんどの場合、ダメだけど、たまにはうまくいくこともある」と、メンタルモデルを少しゆるめることができました。

それからは、「たまにはうまくいっています！」とのこと。このように、自分を縛っているメンタルモデルに気づいて、必要があればゆるめられることは、自分らしい幸せな人生を生きていく上での1つのコツです。

そもそも、私たちのメンタルモデルはどうやってつくられるのでしょう？　どうやって、本人さえ気づかないうちに、心の中に忍び込み、私たちの考え方や行動に影響を与えるのでしょうか？

1つは、小さい時の育てられ方です。「あんたはいつもグズなんだから」「あんたは何をやってもダメなんだから」など、「あんたはいつも〜なんだから」と言われて育った子どもは、「自分は〜である」というメンタルモデルを心に深く刻み込みます。そう言われて育ったということをすっかり忘れたあとも、考え方や行動に大きな影響を与えるのです。

「子ゾウの時に重い鉄の足輪をつけられて育ったゾウは、成長して、足輪を引きずって動かせるぐらい力がついてもなお、おとなしく足輪のそばから動こうとしない」という話を聞いたことがあるかもしれません。

「自分はここから動けないのだ」というメンタルモデルができてしまうと、それがもはや通用しなくなったあとまで、その後の人生の可能性を狭めてしまうことになる、という1つの例です。

育てられ方だけではなく、その後の人生での大人や友人などとのやりとりの中で、また長じては、社会の中で期待される姿として、私たちのそれぞれが、「自分とはこういうものだ」「男性とは（女性とは）こうあるべきなのだ」「日本人とはこういうものなのだ」といった、さまざまなメンタルモデルを持つようになります。

メンタルモデルを持つことは悪いことではありませんし、持たずにいようと思っても無理な話です。ただし、いつのまにかできてしまったメンタルモデルが、知らず知らずのうちに、自分の足を引っぱっていることもあります（ゾウの話のように！）。その場合は、「気づいて、ゆるめる」ことが役に立ちます。

03 「幸せな家庭」の定義を外す

「自分のメンタルモデルに気づき、ゆるめたほうが自由にラクになるのなら、じょうずにゆるめる。それこそ、幸せな人生の午後にとっての鍵だ!」

私が心からこう信じているのは、自分が体験してきたことだからです。

私自身が「あれ? これって、ずっとそうだと思ってきたけど、そうでなくてもいいのかも?」と、メンタルモデルをゆるめるたびに、ラクに生きられるようになってきています(振り返ると、自分の人生行路上に、天女の羽衣ならぬ、脱ぎ捨てた「メンタルモデルの抜け殻」がいくつも落ちているのが見えます!)。

いくつか例をお話ししましょう。

1つは、住まいについてのメンタルモデル。

のちに書くように、「別荘を持てるほどの金持ちでないかぎりは、住む場所は1ヶ所」というメンタルモデルをゆるめた結果、私は仕事の多い東京の近くに住み続けながらも、大好きな海の真ん前の小さな部屋を仕事部屋にして、週末はゆったりタイムを楽しめるようになりました。

海の見える部屋で、原稿を書いたり翻訳をしたり、疲れたら海岸沿いをジョギングしたり温泉で汗を流したり。海に光を落とす月を見ながら大好きな赤ワインを楽しんだり、時には地元の友だちと食べに出かけたり。同じように仕事をしていても、東京にいる時とはまったく違うゆったりしたペースを楽しめるようになりました。

もう1つは「結婚」に関するメンタルモデル。

「結婚」についての思い込みをゆるめた結果、子どもたちの手が離れたタイミングで、幸せな「卒婚」(結婚からの卒業)をしました。今は両親や子どもたちと、毎日LINEやメールでやりとりをしながらの「家族のいる幸せを堪能しつつのシングルライフ」をエンジョイしています。

私が大学のサークルの先輩だった彼と結婚したのは23歳。かなり早い結婚でした。昔ながらの価値観を大事にする家庭に育った私は、「結婚はするもの」「一度結婚したら添い遂げるべき」と、当然のように思っていました（「それが当然だと思っている」ということは、「そういうメンタルモデルがある」ということです）。

これもあとで詳しく述べますが、夫とは仲のよい夫婦でした。

でも、今後の人生に関するイメージがどうしても重ならず、話し合った結果、卒婚を決めました。人生半ばにさしかかり、「メンタルモデルはゆるめてもよいこともある」と学んだ私は、「一度結婚したら添い遂げるべき」というそれまでのメンタルモデルをするりと脱ぎ捨てちゃったのです。

その後、彼も私も、それぞれの「こう生きたい人生」のイメージに沿って、それぞれ幸せに暮らしています。「こうあるべき」というメンタルモデルを忠実に守って、我慢や辛抱、文句や恨みの多い人生を生きていくよりは、「そうではなくてもよいかも～」とメンタルモデルをゆるめる力を身につけて生きていくほうが、自分にとっても周りにとっても幸せな場合もあると思うのです。

04

「毎日やること」のルールを外す

もう1つ、メンタルモデルをゆるめた私の例を紹介しましょう。

私は数年前まで、「人は規則正しい生活をすべきだ」と思っていました。小さい頃から、家庭でも学校でも、そう言われて育ってきたからでしょう。当然、自分自身も規則正しい生活をすべきだと思って生きてきました。

でも、今の私は、「規則正しい生活でなくてもいい」と思っています。「規則正しい＝いいこと、優れていること」というメンタルモデルをゆるめたのです。今の私は、「規則正しく毎日同じ時間に寝て、同じ時間に起きる」「1日3食、ほぼ決まった時間に食べる」生活でもいいけど、そうでなくてもいい、と思っています。

ですから、起きる時間も寝る時間も、食事の回数も時間も、日によってバラバラ。

「健康の観点から規則正しい生活を送りましょう」と主張されている専門家には怒ら

れそうですが、大変不規則な生活を楽しんでいます。

規則に縛られないって、自由ですからねぇ！（ちなみに、「自由」とは、「自らに由る」こと。「ナンだってアリ」というより、「自分の責任で自分で決められる、選べる」ということだと思っています）

子育て中ずっとそうしていたように、朝2時に起きる日もありますが、『朝2時起きで、なんでもできる！』（サンマーク出版）という本を書いたからといって、別にいつもそうでなくてもいい。日によっては8時までゆっくり寝ることもありますし、日の出を見たいと思えば、前の晩の就寝時間にかかわらず、日の出時刻にあわせて起き出します。

食事も、プチ断食して1日1食の時もあるし、2食の日もあれば、少しずつ4〜5回食べる日もあります。

教職とは無縁だった私が、50歳を過ぎてから大学で教え始めたのも、「自分の仕事とはこういうもの」というメンタルモデル（と他人の期待値）をゆるめた結果、「生きてこなかった自分」にチャレンジしてみよう！　と思えたからです。

本書の後半で、「時間」「勉強や仕事」「対人関係」などについて、具体的な行動や状況を紹介していきますが、それらの多くは、「自分がこれまで信じ込んできたメンタルモデルに気づき、ゆるめること」から始まっています。

90代のピークに向けて、これまでの考えや思い込みに縛られ続ける必要はありません。人生の午前中に役立ったけど人生の午後には不要なメンタルモデルは、「これまでありがとね」と言って、手放しましょう。

自分のメンタルモデルをゆるめることで、きっと新しい行動や新しい自分が生まれてきます。どしどし、まわりの人をびっくりさせましょう。「意外な一面」は褒め言葉！　なのです。

05

「有意義な時間の使い方」の制限を外す

私はかつて（自分では気づいていなかったのですが）、「自分の時間を、単なる自分の楽しみや、何にもつながらないことのために使うのはいけないことだ」という思い込みを持っていました。なぜなのでしょうね……？　マジメすぎるほど、ストイックなメンタルモデルですよね。

おそらく、地球環境問題という、自分の一生をかけてもとうてい解決できない大きな問題に取り組む中で、「少しでもなんとかしたい。そのためには、自分の時間はすべて投入しなくては！」と思うようになったのかもしれません。

また、私の師でもある環境問題における世界のオピニオンリーダーのひとり、レスター・ブラウン氏のストイックで素敵な生き方にも感化されたのでしょう。

「自分の時間を、単なる自分の楽しみや、何にもつながらないことのために使うのはいけないことだ」と（無意識に）思い込んでいた私は、「仕事の効率を上げるための気分転換」はできても、単なる自分の楽しみのために遊びに行くとか、何の役にも立たないことに時間を使うことができませんでした。そもそもそんな必要はないと思っていたし、そんなことをしたいとも思っていなかったのです。

15年ほど前に、同じく環境問題の世界的なオピニオンリーダーのひとりであるデニス・メドウズ氏らのネットワークに入れてもらって、環境問題やシステム思考の専門家たちの合宿に毎年参加するようになっても、「いつも仕事」の生活を続けていました。

秋にハンガリーのバラトン湖畔で行われる1週間の合宿では、各国から集まった参加者が、午前中に集中した議論をします。そして、午後の自由時間には、バレーボールに興じたり、賑やかにハイキングに出かけて行ったり、湖で泳いだり。それを横目に、私は自室で仕事を続けていたのです。

そんな私でしたから、ある時デニスが、「毎年春に、仲間とフランスの運河を8人乗りの小型船で旅して楽しい時間を過ごしているのだが、ジュンコも参加しないか?」と誘ってくれた時も、(デニスに誘われるなんて、本当に光栄なことなのですが!)「仕事の予定が入っているから」と断りました。自分の楽しみだけのために1週間もの時間を使うなんて、考えられなかったのです。

デニスは懲りずに、毎年誘ってくれました。そのうち、人生の午後に入ってきたためか、地球環境問題は私が1週間働こうがサボろうが大差ないほど大きな問題であるという実感が増してきたためか、「行ってみたらどんな感じかな?」と思うようになりました。そしてある年の春に、ついに思い切って参加することにしたのです。

参加させてもらったら、それまで経験したことがなかったほど素敵な時間でした。フランスといっても、パリなどの都市からは遠く離れた鄙《ひな》びた田舎ですから、たまに寄った運河沿いの村にインターネットカフェがあればラッキーという通信環境です。

船では、乗り組んだみんなが役割分担してわいわいと作業し(私は主に調理担当です)、夕方、小さな船着き場や眺めのよい川岸に船を係留したあとは、デッキで夕陽を眺めながら、地元のワイナリーで調達してきたワインを傾けてのおしゃべりタイム。とてもじゃないけど、パソコンを抱えて仕事するような場ではなく、自分自身もそんな気にもなりません。

というわけで、仕事も連絡もすべて「不在」となって、ただみんなと楽しい時間を過ごす。ひとりの時間も船の最前部に腰掛けて、ゆっくりと流れていく景色を楽しむ。そんな1週間を初めて過ごしたのでした。

ある日、ゆっくりと流れていく空の雲を眺めながら甲板に寝転がっていたら、いつの間にか眠っていました。それを見た仲よしのステファニーが大喜びで手を叩きました。「ヤッホー、みんな、ジュンコが昼寝しているわよー。いつも働くばかりだったジュンコが！」（その大声で起こされました。笑）

事前にきちんと調整しておけば、1週間仕事から離れても、それほど困ることはありません。それは最初からわかっていました。

それでも踏み切れなかったのは、自分自身の「自分の楽しみだけのために時間を使うのはいけないことだ」という思い込みのせいでした。でも、思い切って試してみて、「自分の楽しみだけのために時間を使っても、いけないことはないかもしれない」と思えるようになったのです。

この経験のおかげで、私は人生の午後をラクに生きられるようになったといっても過言ではないほど、大きな転換点となりました。

もちろん今でも、地球環境の悪化を少しでも止める、できたら好転させていくために、講演、執筆、翻訳、政府等の委員会、企業とのプロジェクト、勉強会等々、できるだけの時間を費やしています。近年では、人口減少、地方創生、貧困や格差、合意形成といった社会問題にも取り組んでいます。それでも、時々は自分自身の楽しみだけのための時間も持てるようになりました。

自分だけのための時間のおかげで、「生きている時間＝人生」そのものが濃く、前よりも豊かに幸せになったと実感しています。懲りずに誘い続けてくれたデニスに心から感謝！　です。

06

メンタルモデルの呪縛から自由になる①
怒りの感情に注目

人生前半には必要だったし、自分を支えてきてくれたけれど、人生の午後には足を引っぱってしまうかもしれないメンタルモデル。その呪縛から自由になるにはどうしたらよいのでしょう？

メンタルモデルの呪縛から自分を解き放つコツが2つあります。

①気づくこと
②ゆるめること

「無意識で持ってしまっているものに、どうやって気づくのよ？」とさっそくツッコミが入りそうですが、気づくためのヒントもたくさんあります。いくつか紹介しましょう。1つは、**「怒りや落ち着かなさを感じたらチャンス!」**です。

定年退職後に地域デビューをしたスズキさん(仮名)の話をしましょう。

地域のグループの集まりに初めて参加した彼は、主催者が全員を紹介している時に、「なぜかわからないけど怒りを感じた」そうです。まさか、そこで怒り出すわけにもいかず、そもそもなぜ怒りを感じているかもわからないので、その時は黙っていたと言います。

私のところに来て、「もうあのグループに行くのはやめようかと思います」と言うので、こう聞いてみました。

「ちょっと待ってください。我慢して思い出してみてください。主催者が全員を紹介している時、怒りを感じたのはどの瞬間だったのですか?」

「うーん……。ああ、思い出しました。主催者が私の隣に座っていた、私よりずっと若い人をまず紹介した時に、むっとしました」

「それで?」

「次は自分かなと思っていたのに、自分とは反対側の隣の人を紹介したので、ますますむっとしました」

「なるほど、それでぐるっと回ってあなたの紹介がいちばん最後になったのですね」

「ええ、そうです。その間じゅう、いや、自分が紹介されている間も、怒りの感情を抑えるのが大変でした」

「そうだったのですね。どうだったらむっとしなかったと思いますか?」

「私をまず紹介すべきでしょう。会に参加して日が浅いとはいえ、あの時の全員の中で、いちばん年上でしたし、そして、うーん……」

「そして?」

「あのグループには気持ちの優しい、いい人たちが集まっていますが、大きな組織で大きなプロジェクトを動かすような経験をした人はいません。でも私にはそういう経験がある。私なら、あのグループをもっと力のあるグループにしてあげられるのに、と……」

「なるほど。つまり、その怒りの気持ちは……?」

「自分はいちばん年上だし、みんなにない経験や力を持っている。だから、最初に紹介されてしかるべきだ、と瞬間的に思ったのですね。でもそうでなかった。それどころか、いちばん最後に回された。私はそれに腹が立ったのですね」

「なるほど、自分の〝こうあるべき〟という思いと現実が違ったので、腹を立てられたのですね。で、どうします？　別のグループに行きますか？」

「自分が最も重要なのだから立ててしかるべき、という思いを持っていたら、どのグループに行っても同じですよね。でも本当にそう思っているんですよ。自分はあのグループにとって重要なはずだって。……もうちょっと考えてみます」

そういって、スズキさんは帰っていきました。

スズキさんの場合、自分自身についてのメンタルモデル（「自分はどんな場でも立てられるべき重要な人物である」）は、それまでの人生の経験をベースに、自分が戦い、生き残るためにつくり上げてきたものともいえるでしょう。自分のアイデンティティの一部になっているかもしれません。としたら、そうそう簡単に変えられるものでもありません。なので、「もうちょっと考えてみます」と帰られて、よかったと思ったのでした。

この例のように、**自分自身に対する「こうあるべき」「こういうもの」というイメージとは異なる扱いをされた時、怒りを感じることがよくあります。**ある場面やだれかに対して怒りを感じた時には、怒りにまかせて反応するのではなく、少し時間を置いてからでもよいので、一歩引いて、「自分は自分に対してどう思っているのだろう？　何が侵害されたと感じているのだろう？」と自分に問いかけてみると、そこに大きなヒントが見つかることがあります。

　怒りだけではありません。たとえば、**何かがうまくいってみんなに褒められた時、単なる謙遜や周りへの配慮をはるかに超えた「落ち着かない気持ち」を強く感じるかもしれません。**そんな時には、「自分は自分に対してどう思っているのだろう？　何を不安に感じているのだろう？」と自問してみてください。

　さて、後日談です。数ヶ月後に会ったスズキさんは、イキイキとその地域グループでの活動に携わっていました。

「あれからいろいろ考えたんですよ。定年退職後の自分はもう重要な人物じゃなくなってしまったのか、とか。でもしだいにこんなふうに思うようになりました。自分はこれからもきっと重要な人間だと思うけど、会社勤めの頃とは違う意味での重要な人物にならなくちゃいけない。そのためには、グループの人たちに聞いたり様子を見たりしなくちゃいけない、って。

そうしているうちに、グループのメンバーもそれぞれに強みを持った人たちだということがわかってきました。大きな組織での私の経験は、このグループで役に立つものの1つでしかない。今は素直にそう思っています。その自分の強みをできるだけ活かせるよう考えていますが、それだけが重要だとは思っていません。

そう思えるようになってから、グループでの活動が楽しくなりました。紹介の順番に腹を立てた自分が今では可笑しく思えますよ」

07 メンタルモデルの呪縛から自由になる②
いつものパターンに注目

自分の足を引っぱっているメンタルモデルに「気づく」ためのもう1つのヒントは、「いつものパターンに注目!」です。**「この相手とは、いつもこのパターンでケンカになっちゃう」**とか、**「いつもこういう時に、何かいやな気持ちになる」**ということはありませんか?

「いつものパターン」の奥底には、メンタルモデルがひっかかっていることがよくあります。メンタルモデルは、多くの場合無意識のものだからこそ、「いつも」同じようにひっかかってしまうのです。そのひっかかりを逆手にとって、つまり「いつものパターン」がどういうパターンなのかを少し掘り下げることで、自分のメンタルモデルに気づくことができるかもしれません。

タナカさん（仮名）は、若い頃から、ある社会問題を解決したいと難しい課題に果敢に取り組んできた女性です。お金になるような活動ではないので、自分が食べるのが精いっぱい。それでもやりがいを感じて一生懸命にがんばる彼女には、多くの〝サポーター〟がいました。

いつもだれかが手をさしのべてくれます。打ち合わせを兼ねて食事をしたりカフェへ行ったりしても、たいていはご馳走になったそうです。「自分の分は自分で払います」と言っても、「たまには私がご馳走します」と言っても、みんな笑顔で手を振るのでした。

その彼女が人生の午後にさしかかった頃、だれが何を支払うかをめぐって心がざわつくことが、何度か続けてあったそうです。

「結局、自分が支払って、もちろんそれでよいと思ったのですが、何か落ち着かない気持ちでした。イライラする自分がイヤでした。それが1回だけじゃない、特定の相手とだけじゃない、何度もあったのです。最近、こういうパターンにはまっているなあと思って、自分に聞いてみました。この〝いつものパターン〟は何なのだろう？と」

自分の落ち着かない気持ちに向き合うのは、できたら避けたい。目を背けたいものです。「でも、考えているうちに、わかった気がしました」とタナカさんは言いました。

「私はいつの間にか、自分は〝してもらう〟存在だと思い込むようになっていたのですね。若い頃から、みなさんに手伝ってもらい、ご馳走してもらい、おみやげも自分が買って渡すよりも、だれかにいただくことのほうがずっと多かった。〝してもらう〟ことが自分の「標準モード」になってしまっていた。だから、自分が支払うという場面に、何か落ち着かなさを感じてしまったのですね。

若い頃、お金のない頃はそれでもよかったのですが、さすがに50代にもなり、お金も若い頃のようにカツカツではなくなった今となっては、〝してもらう自分〟だけではねぇ、と思えるようになりました。

ふしぎなことに、それに気づいただけで、「変えなくては！」と自分に強制することもなく、自然にお金を支払う側に立てるようになりました。おみやげも、いただくよりも買って差し上げる側に。そうしたら、あのお金や支払いをめぐっての落ち着かない気持ちがまったくなくなりました。ふしぎですね、気づいただけなのに」

タナカさんは、「最近、落ち着かない気持ちになることがよくある」というパターンに気づき、立ち止まって考えてみた結果、根底にある自分の「こうあるべき」というメンタルモデルに気づくことができたのでした。

年上の人々に守られ、導かれ、支えられて生きていく人生の前半から、人生の午後には、自分が次世代の人々を守り、導き、支えていく存在へとシフトしていくことになります。このシフトがじょうずにできるかも、人生の午後の幸福度を左右する1つのポイントです。

タナカさんは、じょうずにシフトできたようです。

08 メンタルモデルの呪縛から自由になる③
矢印でつないでみる

私たちは、何か問題やうまくいかないことがあると、「頭の中でぐるぐる」考えてしまいがちです。でも、ただぐるぐる考えているだけでは、なかなか原因や対策に行き着くことができません。そういう時は、頭の中でぐるぐるしていることを、ぐるぐると書き出してみましょう！　その「ぐるぐる」の中に、自分のメンタルモデルに気づく鍵が見つかることがよくあるのです。

3つのステップを説明しましょう。

ステップ1：ぐるぐるを書き出してみる

私の友人は高校生の娘のことで、しょっちゅう愚痴っていました。「娘ったら自分の部屋に閉じこもってばかり。めったに部屋から出てこないもんだから、たまに部屋から出てきた時をつかまえて、それまで言えなかった注意や小言をいっぱい言うんだけどね、そうしたら、いやーな顔をしてね、ますます部屋から出てこなくなるのよ」

友人の話から、この悪循環の様子をぐるぐると描いてみました（下図）。

「こんなつながりになっていて、ますます閉じこもるってわけですね？」

「そうそう、そんな感じなのよー」

ステップ2：矢印のつながりを見て行く

このぐるぐる図は、「システム思考」で「ループ図」と呼ぶものの簡易版です。システム思考とは、物事を分解していく「ロジカ

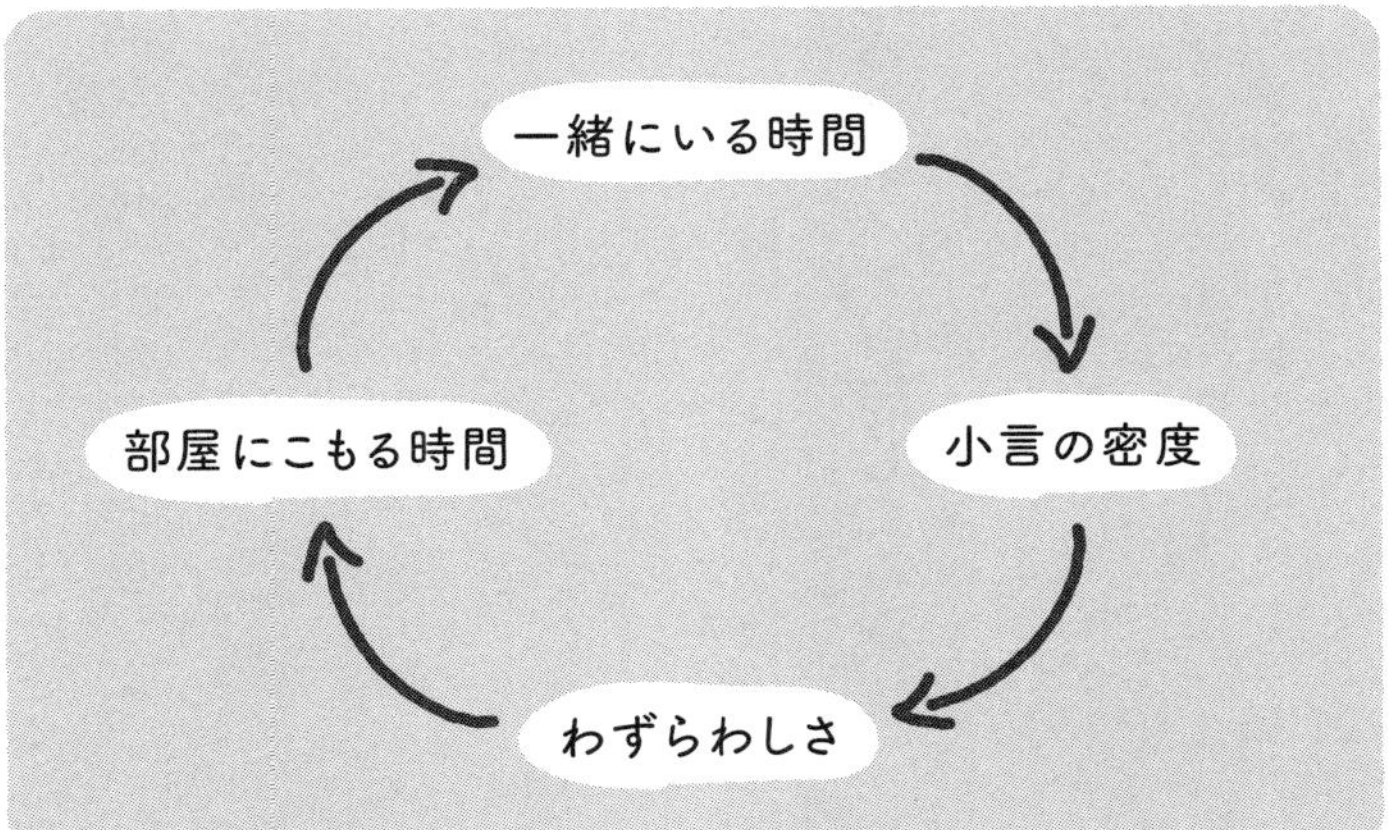

ルシンキング」に対して、個々の現象や部分ではなく、その背後にあるさまざまな要素の因果関係やつながりを見ることで、最も効果的な変化への働きかけをしよう、という考え方です。何であっても、物事はいろいろな要素がつながっていますよね？

その「つながり」を理解しよう、とします。

たとえば、この例でいえば、「小言の密度」が高くなれば、子どもが感じる「わずらわしさ」は大きくなりますよね？　わずらわしさが増せば、「部屋にこもる時間」が長くなるのも、自然なつながりに思えます。

でも、なぜ「一緒にいる時間が短くなるほど、小言を言う」のでしょうか？

ステップ3：自分はなぜここをつないでいるのだろう？　と自問してみる

この矢印がなぜつながっているのかを本人に聞いてみました。

「そりゃ、親の責任だもの、子どもをしっかりしつけるのは。家庭はそのためにあるんでしょ」

「なるほど、子どもをしっかりしつけることが親の責任だ、家庭とはそういう場だ、という価値観なんですね。でも娘さんはもう高校生、親が手取り足取りしつけなくちゃいけない幼児とは違うのでは？」

「そりゃそうだけど……」

「家庭とは、しつけだけの場なのでしょうか？」

「うーん。家族が交流したり、支え合ったりする場でもあるわよね……。子どもが小さい頃の、〝家庭とはしつけの場である〟の考えのまま、続けてきちゃっていたかもしれないわね」

「〝家庭とは、家族の交流の場でもある〟とも思っているのだったら、そちらも出していってもよいかもしれないですね。言うべきことは言えばよいと思いますけど、〝家庭＝家族の交流の場、交流の一部に注意や小言もアリ〟ってね」

「うーん、そうかもしれないわね……」

このように、「自分の中ではなぜこれがつながっているのだろう？　そこにどういう前提があるのだろう？」と自問してみると、根底にあるメンタルモデルに気づくことがあります。このように、システム思考はメンタルモデルを浮き上がらせるためにも役に立ちます。

ちなみに、わが友人はこのようなやりとりを通して、自分の「家庭とはこうあるべきもの」というメンタルモデルに気づき、少しゆるめることができました。

「家庭＝家族の交流の場でもある」と思えば、娘がたまに部屋から出てきても、とたんに小言を浴びせる必要はなく、交流のための言葉掛けができます。それは子どもにとってはわずらわしいものではありません。子どももわずらわしさが減れば、自室にこもる必要もなくなるのでしょう、居間でみんなで過ごす時間も増えてきたそうです。

友人は、「娘との関係もとってもいい感じになったわ。自分が無意識のうちにどう位置づけているかによって、自分の接し方や気持ちも変わり、家族の雰囲気も変わるものなのねー」と言っています。

09 メンタルモデルの呪縛から自由になる④
ゆるめるための3ステップ

心豊かな人生の午後に足を踏み入れようとしている自分を引っぱっているメンタルモデルに気づいたら、次は「ゆるめる」作業に入ります。

メンタルモデルは、いくら自分の足を引っぱっているとしても、「こんなメンタルモデルはもう要らない」と思ったとしても、「消す」ことはできません。現実や自分はフクザツすぎて、その全容を考慮に入れてさまざまな思考や判断をすることは不可能です。だから、現実を単純化したモデルを使っているのです。

つまり、だれにとってもメンタルモデルは必要なもの。たとえもはや不要なものがあったとしても、カンタンに「捨てちゃお」というわけにはいかないのです。

そこで、否定したり消したり捨てたりしようとするのではなく、「ゆるめる」ことが鍵となります。ゆるめるとは、具体的にどうすればよいのでしょう？　次の3ステップで進めていきましょう。

ステップ1：「そう思っているんだ、私」と、自分で認める

「そんな役に立たないメンタルモデルを持っていてはいけない！」と自分を叱ったり批判したりするのではなく、「そう思っているんだ、私」と、そのメンタルモデルを持っている自分を自分で認めます。

ステップ2：「ところで、それはどれほど通用するものなのだろう？」と自問する

否定はしません。現実的に考えて、たとえば、「いつもどこでも私を立てるべき」という考え方はどれほど通用するものなのだろう？　と自問してみれば、「うーむ、ちょっとヘンかも」と思いますよね。ステップ1とあわせて、「そんなちょっとヘンな考え方を持っちゃっていたんだな、私」と、それまでの自分を受け容れます。

ステップ3：「いつもそうでなくてもいいかも」と思ってみる

晴れ時々曇り、ぐらいの感じです。「全とっかえ」をしようとするのではなく、「これまでは100%そうだと思っていたけど、時々はそうでなくてもいいかも」ぐらい、ゆるーく考えます。これが「ゆるめる」ということです。

「いつもどこでも私を立てるべき」だと思っていたけど、だいたいの場面では今でもそうだと思うけど、「100%そうでなくてもよいかも」、つまり、「自分を立てない場面があってもいいかも」と思えるようになればしめたものです。

この3ステップ、ぜひ試してみてください。

繰り返しになりますが、大事なポイントは「それまでのメンタルモデルを全否定したり、根こそぎ入れ替えようとしない」こと。そうしようとすると、メンタルモデルも変えられたくないと必死になるので(?)うまくいかないのです。

そうではなく、「そうかもしれないけど、そうでない時があってもいいかも~」ぐらいのゆるい感じでゆるめてくださいね。

第 2 章

90代にピークをもっていく!

バックキャスティングでビジョンを描く

01 人生の午後のビジョンを描く

「こうありたいという自分の姿を心に描く」
「手に入れたいもの、到達したい地点を思い描く」

こうした作業は、人生の前半にも何度も（意識・無意識のうちに）やってきたことでしょう。「この企業に就職したい」「部長になりたい」「これぐらいの年収を稼げるようになりたい」「マイホームを持ちたい」「新しい資格をとって、キャリアアップまたは転職したい」などなど。

人生の午後を生きていく上でも、ビジョンを描くこと、つまり、「将来のある時点」を想定し、「その時にどういう自分でいたいか」を考えてみることはとても大事な作業です。どこに向かいたいのかわからなければ、よい航行はできないからです。

ただし、人生の午後のビジョンづくりは、人生の午前中よりも難しく思えるかもしれません。多くの人にとって、定年退職や子育て終了をはじめ、これまでの働き方や社会との関係性が変わる節目を迎える時期でもあるため、「これまでの延長線上に未来の自分を描く」ことが難しくなるからです。

会社に勤めている間なら、「このままがんばって、課長になって、さらにがんばって部長になって……」というイメージが描けたかもしれませんが、そうはいかなくなるのが人生の午後です。

また、これからは、人生の午前のように、「国家資格を取る」とか「新しいフルタイムの仕事に就く」といったわかりやすい(外からも成否や進捗が測れる)未来は描けないことが多くなるでしょう。

それでも、「90代のピークを迎えた時には、どういう自分でありたいのか」を描くことはできます。それがあって初めて、「どのように人生の午後を生きていくか」が見えてきます。

人生の午後のビジョンを描くとは、**「自分の残りの人生の物語を語る」**ということです。経済学者のロバート・シラーとジョージ・アカロフは、「人間の頭は、物語をもとにして考えるようにできている。だから人間の動機の大半は、自分の人生の物語を生きることから生まれる。自分自身に語りかける物語が、動機を生み出す枠組みとなるのである。偉大な指導者はみな、物語をつくり出すことに卓越している」と書いています。

あなたは自分のこれからの人生についてのどのような物語を、自分自身に語りかけるのでしょうか。

「どういう自分になりたいか」という、何らかのイメージなり、ビジョンなりを持たないで生きていくと、ただ惰性で残りの人生を過ごすことになりかねません。それではあまりにもったいない！　人生の午後もじょうずにビジョンを描きながら歩いていきましょう。

02

未来を描く2つの方法

「バックキャスティング」というビジョンの描き方が、人生の午前中にも、人生の午後にも役に立ちます。まずは、ビジョンの描き方を説明しましょう。

ビジョンの描き方には、**「フォアキャスティング」**と**「バックキャスティング」**という2つの方法があります。

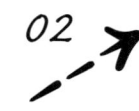

通常よく行われるのは、「フォアキャスティング」というやり方。これは、現状立脚型のアプローチです。「現在はこのような状況で、このような強みと制約がある。それらを考え合わせると、3年後にはこれぐらいはできるのではないか」と考えるやり方です。企業で3年ぐらいの中期経営計画を立てたりする時は、たいていこのやり方ですよね。

また、冷蔵庫の中にあるものと夕食までの時間を考えて、献立を考えるのも、言ってみればフォアキャスティング型の「夕食のビジョン」です！

このように、現状立脚型のフォアキャスティングは現実的なアプローチで、短期的なビジョン・目標を考えるのに適しています。


一方、バックキャスティングは、現実に立脚しない、つまり、現状や現在の課題に縛られない方法です。より中長期的なビジョンを考える際、また、現在の延長線上にない未来を描きたい場合に役に立ちます。

企業の例で言えば、地球や国内外の動向など「未来が現在の延長線上にない時代のビジョン」を、現状や現在の制約に足を引っぱられることなく描いてみる。私の専門である環境問題でいえば、できるかどうか、どうやってやるかはあとで考えるとして、地球温暖化を止めるために「自社のＣＯ２排出をゼロにする」といったビジョンをつくることができるでしょう。

夕食の献立の例で言えば、「予算も時間も好きなだけ使えるとしたら、どんなとびきりの特別料理をつくりたいか」を考えてみる。冷蔵庫と時計と相談しながら考える場合とはまったく違う料理になることでしょう！

つまり、フォアキャスティングとは「現状、今の強み、今の制約」を考慮に入れて、それらの範囲内で未来を描くやり方。一方、**バックキャスティングでは「現状、今の強み、今の制約」を脇に置くことで、これまでに縛られない未来を描きます。**

フォアキャスティングもバックキャスティングも、両方とも大事なやり方です。ビジョンを描く時間軸と目的によって、ふさわしいやり方を選んでください。

たとえば、人生の午後にあたって、自分のこれからを考える際、「3年後の定年を迎えた時、どういう自分でいたいか」はフォアキャスティングで描くことになるでしょう。現状に基づいて、何をどう引き継いでいくのか、3年後に向けての具体的な準備は何か、などを考える際に役に立ちます。

他方、「数年後に迎える定年から20年後に、85歳になった自分はどういう人生を生きていたいか」を考えるのなら、バックキャスティングになるでしょう。10年、20年、30年先という長期的なビジョンを、現在の延長線上に考えることは難しいからです。

現状立脚型のフォアキャスティングは、学校や組織でもしょっちゅうやっていると思います。それに比べて、バックキャスティングはこれまであまりやっていないアプローチなので、最初は少し戸惑うかもしれません。現状や制約条件を前提として考えることに慣れてしまっているからです。

でも、少し練習すれば、それらを脇に置いてビジョンを描くことができるようになります。

03 バックキャスティングをやってみよう!

実際に、バックキャスティングでビジョンを描く練習をしてみましょう。

必要なものは、メモ用紙やノートなどと筆記具。そして、ほかのことを気にせずひとりで過ごせる時間です。「20~30年もの未来のビジョンを描くのだから」といって、何時間も時間を取る必要はありません。**30分あれば30分で、5分しかなければ5分でもできます!**「十分な時間がとれる時にやろう」と先送りにするのではなく、「いまとれる時間で、まずはちょっとやってみよう」と試してみることをオススメします。

メモ用紙とペンを手に、自分の落ち着けそうな場所に座りましょう。お気に入りのソファーでもいいですし、窓の近くに椅子を引っぱっていってもいいでしょう。木々の緑や風、日の光など、自然の持つ「場の力」はとても大きいので、気が向けば戸外でも試してみてください。何度か場所を変えてやってみて、自分のお気に入りの場所を探してみるのもよいと思います。

まずは何回か深呼吸をしながら、「**いろいろ気になることはあるけれど、今からの○分は自分の今後を考える時間だからね**」と自分に言い聞かせます。やりかけの仕事、読みかけの本、出さなくちゃいけないメールの返事、台所の洗い物など、気になることはあるでしょうけど、30分ぐらい置いておいても、一大事にはならないでしょう。

こうして、物理的な時間を確保するとともに、自分の心のエネルギーも、用事や雑事に散逸してしまわないよう、整えます。「気もそぞろ」では何時間かけても中途半端になってしまいますので。時間の長さよりも、気持ちを向けられるかどうか、です。

ちなみに、**こういう時に私に効く呪文は、「○分後に戻るから」**。自分自身に「○分後に戻ったら、メールも用事も仕事も家事もやるから。ちょっと待っててね」。よかったら試してみてください。

そうやって時間と心のエネルギーを確保したら、「自分が○歳になった時」「○歳の私は」と、想像してみます。その時の自分はどこで、だれと、何を、どのようにしていたらいいな、と思いますか？　その時、どんな自分だったら、幸せでしょうか？

断片的でよいので、「こんなことができていたら」「こんな自分だったら」「こんな感じでいられたらいいなあ」というものが出てきたら、メモしていきましょう。

慣れないうちはぎこちなく感じると思いますが、「最初はそういうもの」です。5分でも30分でも、自分で決めた時間、想像したり考えたりしながら、メモに書いていきましょう。


「あんなふうになれたらいいなあ！」と思うお手本の人物がいたら、その人のどういうところを「いいなあ」と思っているのかを考えてみて、その要素も入れてみるとよいでしょう。そもそも、私が「人生のピークを90代に」と言うようになったのも、それはそれは素敵な90代の女医さんにお会いしたことがきっかけです（それ以前の私は「人生のピークは80代！」と言っていました）。

自分なりのイメージを描く。身の回りや社会の中でのお手本（または反面教師でも）から、自分にも取り入れたい（または取り入れたくない）要素を考えてみる。そんなやり方で、何度かやってみましょう。

一度で「これが90代の私のビジョンです！」とすぱっと描き切れるものではありま

せんし、それが目的でもありません。日を置き、場所を変えて、何度かやっているうちに、少しずつ「ありたい自分の姿」が見えてくるでしょう。

そして、**どんなビジョンも、「現段階ではこう思っています」という〝未完成品〟です。**描いた瞬間から、自分も状況も変わっていきますから、ビジョンも変わっていって当然なのです。だから、完成版のビジョンなんてないと思っています。

ですから私は、「エダヒロさんのビジョンは?」と尋ねられると、「現時点では、ということですが」と必ず前置きをしてからお話しすることにしています。

04

「妄想」は自分を引っぱり上げる力になる

バックキャスティングでビジョンを描く時には、現状や制約条件をいったん脇に置きます。

「今の自分」にとらわれていたら、ビジョンは描けないのです。

「だからできない」「だから無理」と自分の思いや考えを縛ることなく、自由にありたい自分を想像しましょう。このことは、人生の午後を迎えるにつれて、ますます大事になってきます。「年齢のせいで」できない、無理だろう、という制約に（自分からも、まわりからも、社会からも）足を引っぱられがちになってくるためです。

もちろん、制約を脇に置くからといって、絶対に超えられない現状や制約まで飛び越えることはできません。たとえば、50代の私が「今からオリンピックをめざす」というのはまったくありえない話で（50代でなくてもありえないですが……）、そこま

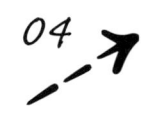

ます。

で現状や制約を飛び越えてしまうと、それは「ビジョン」ではなく、「妄想」となり

バックキャスティングでビジョンを描く時に難しいのは、この「現状や制約に縛られないビジョン」と「妄想」をどう区別するか。つまり、「この現状や制約は、受け容れるしかないものなのか、それとも、乗りこえようと思えば乗りこえられるものか」を見極めることです。

私が人生で初めて意識的にバックキャスティングでビジョンを描いたのは（バックキャスティングという言葉は知りませんでしたが）、29歳で夫の2年間の海外赴任について米国に渡る時のことでした。大胆にも「2年後に成田空港に戻ってきた自分は、同時通訳ができる英語力を身につけている」というビジョンを描いたのです。

そのビジョンに強く導かれて、2年間必死に勉強しました。おかげで、帰国後に、同時通訳の仕事をするようになりましたから、今となっては「達成できたビジョン」と言うことができます。

しかし、当時、英語を聞いてもろくに理解できず、ましてや話すことなんてほとん

どできなかった私が掲げた、「2年後に同時通訳ができる自分！」というビジョンは、ふつうに考えればありえない、〝妄想〟に限りなく近いものだったと思います（自分でもその意識がありましたから、ほかの人には言わないようにしていました）。

タカハシさん（仮名）は60歳で定年退職してから、「翻訳ができるようになる」というビジョンを掲げ、若い人たちに混ざって私の主宰する勉強会やセミナーで勉強を始めた男性です。英語は得意だったわけではなく、ましてや翻訳は初めて、というスタートでしたが、コツコツと何年も勉強を続けるうちに、見違えるほどの翻訳力を身につけられました。生活のために翻訳で稼ぐ必要はないけれど、「いい本なのに、まだ日本語になっていないから」と、独力で数百ページの原書を訳していらっしゃいます。「1日1ページずつ、楽しみながらやっているんですよ」。

英語が得意だったわけでもない60歳の人が「自分で本を翻訳できるようになる」というのを聞いたら、多くの人が「それは無理じゃないか」と思うことでしょう。それはビジョンじゃなくて、到底できないことを思い描く妄想だ、と。

しかし、タカハシさんはそれをやり遂げました。**やり遂げれば、妄想もビジョンに**

なるのです。肉体的な限界など、絶対的な制約はもちろんありますが、自分で「これは無理に違いない」とブレーキを掛けるまえに、「ダメ元で、やってみようかな」と思ってみてもよいかもしれません。

「ちょっと難しいかな、無理かもしれないな」ぐらいのビジョン・目標をめざしている時、たとえ、最終的に到達できなかったとしても、そのプロセスはポジティブな緊張感と達成感を提供してくれることでしょう。その時、チクセントミハイのいう「フロー状態」、つまり、時間を忘れるほど完全に集中・没頭している人が感じる深い満足や幸せを味わうことができるのだと思います。

05

doingのビジョン、beingのビジョン

先ほどの「翻訳ができるようになる」というのは、「doing」のビジョンの1つの例です。doingのビジョンとは、「何かをする」というもので、何をして働く、どういう勉強や活動をする、どういう資格を取る、といった**「行動についてのビジョン」**です。

「ありたい自分」のビジョンには、もう1つ、「being」のビジョンがあります。**beingのビジョンとは、「何をするか」ではなく、「どういう自分でありたいか」、つまり、「自分のあり方についてのビジョン」です。**

たとえば、「いつもこの自分でよいのだと思える自分でありたい」「他人やまわりに翻弄されることなく、心穏やかな自分でありたい」「いつも好奇心を持って、フットワーク軽く、何にでもチャレンジできる自分でありたい」など。

私の尊敬するある大学教授（70代）に、「どんな自分でありたいと思っていらっしゃるのですか？」とお聞きしたことがあります。

「次世代をはぐくむ存在でありたい」

これがその方の答えでした。そして、確かにそのとおりの生き方をされています。いくら謝金や待遇がよくても、次世代の育成につながらない依頼はすっぱりと辞退し、その一方で、学生の相談には2時間でも3時間でもつきあいます。

そばで見ていると、じっくり学生の話を聞き、丁寧に問いかけながら、その若者が自分で自分の道を切り拓いていけるよう、支援しています。他の先生への紹介状や大学院への推薦状を頼まれれば、その学生の強みやこれまでの実績を十分に考えたうえで、5時間ぐらいかけて本当に効果的な文書を書きます。

その様子を見ていると、「どのような時でも、次世代をはぐくむ存在だなあ！」と思います。「どうありたいか」というbeingのビジョンが先にあり、それに基づいて、具体的に何をするか、しないかを決めていることが伝わってきます。

自分の人生のビジョンを考える時、doingビジョンとbeingビジョンの両方が出てくる場合と、どちらかだけが出てくる場合があります。面白いことに、人生の時期によって、ある時はdoingビジョンが多く、ある時はbeingビジョンが多いなど、その割合は変わっていくようです。

全体的な傾向でいえば、人生の午前中は、「向かっていく何か」としてのビジョンが多く、その実現や到達のために努力を重ねる生き方が多くなります。「出世する」「資格を取る」「いくら稼ぐ」「どういう仕事をする」など、doingビジョンの比重が高いことが多いようです。

それに対して、人生の午後は、「あり方としてのビジョン」が多くなってきます。doingビジョンよりもbeingビジョン、「何をなすか」よりも、「どういうあり方か」が大事になってくるのです。

「人生のピークを90代に！」と言っている私だって、もしかしたら、90代になるまえに、半身不随になったり、寝たきりになったりするかもしれません。そうなったら、doing（できること）は限られてしまう。でも、being（あり方）は減りません。

病床にある自分だとしても、beingビジョン（こういう人でありたい）なら描けます。身体が不自由だったとして、寝たきりだったとして、その状況下での自分のあり方の選択肢は無数にあるでしょう。ですから、「自分はこんな自分でありたい」という being ビジョンを描くことができる。そして、そのビジョンに向かって、病床にあっても、寝たきりでも、いろいろ工夫していくことはできると思うのです。

06 私の「人生の午後を生きる」ビジョン（現時点のバージョン）

50代にアップグレードする頃から、私自身も少しずつ、「この先、自分はどんなふうに生きていきたいのかなあ？　どういう自分だったら幸せなのだろう？　80代、90代になった自分は、どんな人になっていたいのだろう？」と思い描くようになりました。

私の「90代の自分」のビジョンは、大まかに言えば、「自分らしく、幸せに、素敵に年をとって生きてきた自分」です。皺や白髪は増えているでしょうし、シニアグラスが手放せなくなっているでしょう。今のように敏捷に身体も動かないかもしれないけれど、きらきらと輝くような好奇心や興味を持ち続け、まわりの人や社会とつながり、人生の目的を持ち続け、新しい考えや行動にチャレンジし、だれかの役に立ちたいと努力している自分でいられたらいいなあ！　と思っています。

「現時点での」もう少し具体的な自分のイメージは、こんな感じです。

自分が大事だと思っている環境問題や社会問題、大きくいえば「地球の持続可能性や人の幸せ」の課題は、残念ながら自分が生きている間には解決されそうにない。どころか、悪化していく可能性が大きい。だから、90代になっていても、やはりそういった問題に取り組んでいたい。そのために、これからもどんどん出てくるであろう新しい問題や新しい対策、それらに関する新しい研究や取り組みなども把握し、理解しようとしている自分でありたい。

若い頃はフリーランスとして一匹狼的に仕事をしていたが、その後、自分の小さな会社やNGOを立ち上げ、仲間やスタッフとチームを組んで取り組むようになり、その効果と幸せを感じている。90代の私も、今のように、志を同じくする仲間たちと一緒に仕事をしていたい。しかし、チームでの自分は、次世代のリーダーを支える役割が大きくなっているだろう。

環境問題は新しい分野で、これまではほかの分野のように「過去の蓄積」が果たせる役割はあまりなかった。しかし、自分が90代になる頃には、温暖化など地球環境問題が社会的に取り上げられるようになった当初から関わってきた自分だからこそ提供できる「過去の蓄積」や知恵・洞察などが役に立つのではないか。そういう貢献ができる自分になりたい。

これまで、主力の活動である情報発信は、著書、メディアの記事やインタビュー、自分自身の発信するメールニュースやウェブサイトなどのチャネルを通じて行ってきたが、かつてはなかったSNSが隆盛を極めるなど、チャネル自体は時代や技術によって移り変わっていくだろう。90代になった頃にどのようなチャネルが主流かを予測することはできないけれど、それが何であれ、社会の多くの人々に情報発信ができる有効なチャネルや手段を活用できる自分でありたい（実作業はだれかにやってもらうにしても！）。

仕事ばかりでなく、自分自身のための時間、大事な人々との時間を大事にして生きていたい。また、これまで受け取ってきた多くのものを、少しでも次世代に渡していきたい。

このようなことを考えたり描いたりするたびに、「今ここにない何かに向かっていく」というよりも、「今ここの生き方・あり方そのものを整えていく」結果として、めざすあり方に少しずつ近づいていけたら、と思います。

その「こういう感じで生きていき、その結果として、90代もこういう感じでいられたらいいな」というイメージを箇条書きにしたメモです。

・大事な人たちとの時間を大事にし、
・自分の好きな場所での、自分の好きな時間を持ち、
・自分がこの地球に存在していたことが、地球と未来世代の持続可能性と幸せに対して少しでも違いを生み出せたと最期に思えるような、
　・効果的な仕事を
　・生産性高く
　・志を同じくする気持ちのよい仲間たちと共に進め、
・お金や健康に心をとらわれることなく
・身体や心や魂を動かすことも楽しみ、
・日々感謝の念と祈りを抱いて生きている

宮沢賢治の言葉を借りれば、「そういうものに　私はなりたい」というビジョンですが、ずいぶん贅沢な「ありたい自分」ですよね！　「そんなの、可能なの？」と思えますが、到達可能性よりも、自分を導いてくれる北極星としての位置づけが重要だと思っています。

この北極星が明確になっていれば、日々の暮らしで何かを選ぶ時にも、ラクになります。「これをやることは、自分のビジョンに近づく上で役に立つのか、立たないのか？」と判断の尺度にすることができますから。

私は時折、この紙を引っぱり出しては、眺め、考え、書き足したりしています。そのたびに、「そういう90代の自分になるためには、今は何をやったらいいか」が明らかになる思いがします。ここに書いたような自分でいる割合を日々高めていけば、ビジョンに近づいていけそうです。

私は文章で書いていますが、イラストでもいいですし、どんな形でも、自分の描いたイメージを記してみてください。それを最初のたたき台として、時々眺めたり、考えたり、追加したりしていくのも楽しい作業だと思います。

第 3 章

90代にピークをもっていく!

タイムマネジメント

01

「自分の時間をプロデュースする生き方」へシフトする

「その人がどういう人かは、その時間とお金の使い方を見ればわかる」と言います。口でどう言おうと、何にお金と時間を使っているのかを見れば、本当に何を大事にしているか、優先しているかは一目瞭然なのです。

人生の午後には、「自分は90代のピークに向けて、どのような時間を増やし、どのような時間を減らしていきたいのか」をじっくり考え、試していくこと。「時間を味方にする」ことが大切な作業の1つになります。

一般的には、人生の午前中は、「人による」「人のため」の時間が多く、人生の午後には、「自分による」「自分のため」の時間が増えることが予想されます。属している組織やほかの人からの指示や依頼が減ってくるからです。そうした時に、「自分のための時間」をじょうずに使える人は、ますますイキイキと日々を送るでしょうし、そうでない人は、果てしなく退屈な灰色の日々を何十年も送ることになってしまうでしょう。

もし、長年〝指示待ち〟の生き方をしてきたのなら、少しずつ〝自分で自分の時間をプロデュースする〟生き方へシフトしていきましょう。そのシフトは、いつでも思い立った時に、練習・実践することができます。

朝起きたら、「今日というまっさらな1日を、自分はどう過ごしたいか？」を思い描いてみる。全部思うようにはいかないでしょうけど、できるだけ時間の過ごし方をそのイメージに近づけてみる。または、「次の1時間をどう過ごそうか？」と考えてから、その1時間を過ごしてみる。

「究極の成功とは、自分のしたいことをする時間を自分に与える贅沢である」という言葉を聞いたことがあります。人生の午後には、待ちに待ったこの〝贅沢〟を手に入れることができるのです。その時間を自分らしくじょうずに使えるよう、〝自分で自分の時間をプロデュースする〟力を鍛えましょう。

02

「生産的な時間」を持ち続けよう

人生の前半を突っ走ってきて、午後にさしかかった今、「時間には3種類あるなあ」としみじみ思います。**「生産的な時間」**と**「感性と喜びの時間」**、そして**「社会のための時間」**です。

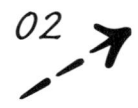

「生産的な時間」は、説明するまでもなく、てきぱきと仕事を進め、達成した目標、完了した仕事、実績など、何かを生み出すための時間です。社会人向けのスキルアップ本やビジネス雑誌のノウハウ集などはほぼすべて、この「生産的な時間」のためのものです。

私もそうでしたが、人生の午前中には「人生の時間はこれ以外にある」ことに気づかない人も多いかもしれません。休憩や休暇を取るにしても、「次の生産性を上げるためのリフレッシュ」が目的だったりします。事業などで成功する人々は、この「生産的な時間」の使い方に特に長けた人々だと言えるでしょう。

もちろん、人生の午後になったからといって、生産活動からすべて引退するわけではありません。有償・無償を問わず、仕事を続ける人も多いでしょう。最近は起業する人の3分の1が60歳以上のシニアとか。

何歳になっても、何らかの生産活動は続くことでしょう。その場合の「生産物」は、企業など組織や他人のための成果や実績ではなく、自分や家族、社会を豊かに幸せにしてくれる何かになってくる……といいですね！

そう、いずれにしても、生産的な時間は、命ある限り続きます。「何のために、何をつくり出すのか」「どのように生産するのか」は変わっていくでしょうけど、生産的な時間を、生産的に豊かに過ごすことの大事さは変わりません。

私にとっても、「生産的な時間」はとても大事です。「生産的な時間を、生産的に豊かに過ごす」ために、マルチタスクをやめ、克己《こっき》力を鍛えることを意識し、気を散らさず「一時一事」に集中することを心がけています。また、休憩や運動、栄養などにも気を配るようにしています。

生産的な時間を継続するコツは、「目的を持って生きること」「自分の生産性向上につながるヒントや気づきにオープンであること」だと思います。

私にはやりたいことがいっぱいあります。だからこそ、「情報収集→アイディア立案→実行計画づくり→実行→効果測定→次の実行計画づくり」という、物事を動かしていくためのプロセスの各フェーズをより効果的・効率的に進められるようになりたいと思っています。そのために、いろいろな工夫をしている人たちの話を聞いたり、本を読んだりして、新しいスキルやノウハウ、アプリやソフトウェアの習得を楽しみながら続けています。

人生のピークは、まだ数十年先の90代。ですから、一気呵成《いっきかせい》に駆け抜けるような生き方ではなく、ゆるゆるとながーい年月、着々と進めていけるような「持続可能な生産的な時間の過ごし方」を意識して、いろいろと試しつつ、つくり出そうとしているところです。

03

「感性と喜びの時間」は心の水やりタイム

「生産的な時間」に対して、「感性と喜びの時間」は、見た目には何も生み出さない時間かもしれません。たとえば、

「自分の好きな場所、たとえば、山や海、水族館、カフェ、機内や車内などで、ただ過ごす時間（仕事もスマホも手放して！）」

「雲の動きをただぼーっと見ている時間」

「美術館で、気に入った絵を、心が満足するまでじーっと眺めている時間」

「気の置けない友人と、たわいのない話をしながら、一緒に過ごす時間そのものを楽しんでいる時間」

「マインドフルネスや瞑想の手法で、あれこれ思い悩むことから離れて、ただ〝今ここ〟を感じている時間」など。

「感性と喜びの時間」は、自分自身のための時間です。自分のスピリット（精神・魂）のための時間、と言ってもよいでしょう。

「これまで、そんな時間を意識したことはない」という人も多いかもしれません。特に、人生の前半を全速力で駆け抜けてきた人にとっては、「そんな時間も余裕も、どこにもなかった」でしょう。私もそうでした。その私が言うのもナンですが、そういう人ほど、人生の午後は、この「感性と喜びの時間」を意識して欲しいと思います。

詩人の茨木のり子さんの「自分の感受性くらい」という詩を読んだことがあるかもしれません。

ぱさぱさに乾いてゆく心を
ひとのせいにはするな
みずから水やりを怠っておいて
（中略）
自分の感受性くらい
自分で守れ

ばかものよ

まるで、「それどころじゃない」と人生の前半をひたすら突っ走ってきた人を叱ってくれているような詩ですが、人生の午後は特に、この「自分の心に水やりをする時間」が大事になってきます。

1つには、人生の午前中に比べて、そのための時間や余裕が持てるようになってくるからです。そして、何かを行う（doing）人生前半に比べて、どういう存在か（being）がその人となりや、幸せや満足に直結する時期だからです。

これまで、あまりそういう時間を取ってこなかったという方に、「感性と喜びの時間」を確保するコツを少々。

「スケジュールが詰まっていて……」という方には、「予定表にその時間を入れておく」ことがオススメです。

「この日は1日オフにして、大好きな海で過ごそう」

「この日は朝礼がないから、出勤前に30分だけカフェに寄って、ずっと気になっていた旧友への手紙を書こう」

「今日は忙しいから、昼休みに5分だけ瞑想タイムを楽しもう」といった具合です。他人とのアポと同様、自分とのアポも守ること。大事な「心の水やり」タイムですから！

そして、この時間ばかりは、オフラインを厳守すること。メールやスマホ、SNSなどとつながっていては、自分の意思とは関係なく、「心ここにあらず」の状況になってしまいます。自分で時間を決めて、ネットをシャットアウトすることが鍵です。

魂が悦ぶような、ワクワクするひとりの時間を、ぜひ楽しんでください。自分の感性と喜びの時間は、「自分の自分による自分のための時間」。これまで〝水やり〟の余裕もなかった自分の感性や心を育む時間です。魂がのびのびと深呼吸することのできる、大事な時間なのです。

04

「社会のための時間」で人生の午後を豊かにする

友人が「日本には会社人はいっぱいいるけど、社会人は少ない」と言っているのを聞いて、「なるほど、そうだよなあ」と思ったことがあります。たしかに、企業などの組織に勤め、自分の時間のほぼすべてを差し出している人にとっては、「社会のための時間」はほとんどないに等しい状況かもしれません。

ここで「社会」と言っているのは、家庭や地域、社会全般です。企業などで「ワーク・ライフ・バランス」が唱えられるようになってきましたが、この「ワーク」以外の「ライフ」を過ごす場が、ここでいう「社会」です。あなたは自分の時間のうち、どのくらいを「社会のための時間」として過ごしているでしょうか？

この上なく多忙であったとしても、「社会のための時間」も大事にしたいという意識があれば、年に数回であっても、同窓会に顔を出す、地域のお祭りに行ってみる、子どもの学校のイベントに参加してみるなどできることでしょう。

マンションの理事をする、子どもの野球クラブのコーチを引き受ける、地域の何らかの世話係を担当するなども、社会のための大事な時間になります。仕事の忙しさが少しラクになってきたら、積極的に地域や関心分野での仲間やグループを探してみましょう。

地域に卓球サークルがあることを知り、学生の頃やっていた卓球を再開した人。

体力づくりのためにジョギングを始めたところ、そのうちジョギング仲間ができたという人。

少し時間ができたからと、NGOでボランティア活動を始めた人。

友人に男性の料理サークルに誘われ、これまでやったこともなかった料理に初めてチャレンジし、仲間もやりがいも見つかったという人。

ウェブなどで検索すれば、地元で活動しているグループや、自分の関心分野で活動しているグループなどを見つけることができるでしょう。地元の社会福祉協議会や自治体のボランティア担当者などに、地元にどんな活動があるかを聞きに行くのも手です。

人生の午後には、人生の前半に自分がいろいろな人々から差し伸べてもらった手助けや支援を、次の世代に「恩送り」していけたらいいな、と思っています。お金や時間に余裕がつくれたら、ちょっとでもよいから、社会へ、次世代へとお返ししていく。

私たち一人ひとりが現在の自分になれたのは、決して自分の力のおかげだけではありません。社会からのたくさんの手助けがあったからこそ、だと思うのです。それを、少しずつでも、そういう手助けを待っている人たちへ、次世代へと、お返ししていけたらいいですね。

「社会のための時間」は、そういうことに思いを馳せたり、クラウドファンディングに参加してみたり、支援を必要としている人たちはどこにいるか、自分にできるのはどういうことかを考えたりする時間でもあります。

1日あたり、1ヶ月あたりの時間はほんのちょっとでもいい。無理のない範囲で、細く長くラクに持ち続けることが、「社会のための時間」を大事にする上での鍵かなと思います。

05

3種類の時間の配分をじょうずに変えていく

3種類の時間について紹介しましたが、人生の午後で大事なことは、この3種類の時間の配分をじょうずに変えていくこと。多くの場合、これまでは「生産的な時間」が大部分だった人も、「感性と喜びの時間」「社会のための時間」を持てるようになり、少しずつその比率を増やしていく、ということになるでしょう。

大企業に勤めていた知り合いが、定年を迎える数年前に、「もう昇進はないことがわかった。あとは惰性で生きるだけだ」と言っていました。「エダヒロさんはいまだにやりたいことがいっぱいあって、いいよなあ」と。そんなふうに思うなんて、なんともったいないこと！

組織や他人のための生産的な時間が減っていくなら、幸せな人生にとってはラッキー！ です。その分、「自分の持ち時間」のうち、「自分自身のための生産的な時間」「感性と喜びの時間」「社会のための時間」を増やせるのですから！

この3種類の時間は、たとえるなら、植物の「花」「根」「土」のようなものです。だから、「どんな成果を生み出したか」という花の部分は目立ちますし、評価されます。だから、1つでも多くの花を、少しでも大きな花を咲かせようと、人生の午前中には懸命にがんばります。

でも、花が咲くためには、「根」がしっかりしている必要があります。特にクリエイティブな仕事の場合は、「ぱさぱさの感受性」では、きれいな花も咲かないでしょう。でも、根を丈夫にすることは、目立たないし、それ自体は評価されませんから、つい後回しになる。それでも花を咲かせ続けないといけないので、化学肥料や農薬、支柱などのお世話にならざるを得ない状況に陥ったりします。そして、一度頼り始めると、それなしではやっていけなくなる……。業績をあげ続けるために、満身創痍で、自分の命と感性を削っている人もいます。

そして、植物は「土」がなくては生きていけません。土とは、支えであり、居場所であり、栄養の提供元です。空気のような存在なので、ありがたさを感じることも忘れているかもしれませんが、自分を支えてくれているまわりの人々、そして、地域や社会があってこその自分なのです。人生の午前中には、まるで空中に自分ひとりの力で咲いているかのように思っていたかもしれませんが、どんな花も、根があるからこそ、そして土があるからこそ、存在できるのです。

花だけに注目するのではなく、根も土も大事にしていく。それによって、元気な根が張り、しっかりした花が咲く。そして、花や葉は、落ちて分解されることで、土の栄養分に戻っていく。自分だけの時間軸ではなく、大きな循環の時間軸に自分を位置づけられるようになります。それは、孤立や孤独とは真逆の、「生かし、生かされている」安心感につながります。

06 手放す技《アート》を身につける

自分は何のために、どのように時間を使いたいのか――人生の午後には、90代のピークに向けて、改めて「選び直すこと」、そして「手放すこと」が大事になってきます。

私が初めて翻訳した本『人生に必要な荷物　いらない荷物』(サンマーク出版)の原題は“Repacking Your Bags”です。

著者のディック・ライダーは、バリバリの企業コンサルタントとして活躍していましたが、人生の午後にさしかかり、「このままでよいのか?」という問いに直面します。この問いへの自分なりの答えを見いだしていく過程をもとに、共著者のデイブ・サピーロと、同じように人生の午後を生きていこうとする人々にその要諦を伝えるべく書かれた本です。

その要諦とは？　それは、「自分がいままで引きずってきたカバンを開け、中身を取り出して詰め直すこと」です。

――カバンの中身を取り出すというのは、自分が何を背負っているのか、そしてなぜそれをもっているのかを、時間をかけて厳しく見つめ直す作業である。いまの自分が抱えている持ち物、責任、人間関係は、これからの前進にも役だつのだろうか。あるいは、足を引っ張るだけのものだろうか。それを見極めなければならない。

そして、荷物をカバンに詰め直す。これは、休むことのない再評価と変革のための作業だ。自分の優先順位を決め直すこと。いい人生のビジョンを、もう一度つくり直すこと。そして、人生の意味を新しく発見することである。

つまり、「自分の背負ってきた荷物を一度棚卸しし、これからの旅路にも必要なのか、持っていきたいものなのかを自分で考え、判断して、荷物を詰め直すことこそ、幸せな人生の午後の鍵である」ということ。『人生に必要な荷物　いらない荷物』は、このような考えをベースに、「人生の目的」「仕事」「人間関係」「自分の居場所」を吟味していきます。

この本の原書を読んで感動し、ぜひ日本にも紹介したいと翻訳出版にこぎ着けた当時、私は人生の午前中を生きていました。それから20年以上がたち、人生の午後にさしかかった自分にとって、この本は前にも増して大事な教えをいっぱい伝えてくれている、と思います。

「自分の背負ってきた荷物を一度棚卸しし、これからの旅路にも必要なのか、持っていきたいものなのかを自分で考え、判断して、荷物を詰め直すことこそ、幸せな人生の午後の鍵である」――私もそう考えています。

では、ディック・ライダーたちの言う「棚卸しをして、カバンを詰め直す」作業をしてみましょう。私もそうですが、多くの人が、「自分の持ち時間でできることよりも、やりたいこと、やらなくてはならないことのほうが多い」と感じて生きています。「自分の持ち時間でできること＜やりたいこと、やるべきこと」というギャップを埋めようとして、忙しくなるのですよね。

どうやれば、仕事や作業の効率をアップできるかいろいろ工夫したり、ＴｏＤｏリストを工夫したり、優先順位づけのアプリを活用したりして、「自分の持ち時間」と「やるべきこと・やりたいこと」のバランスをとろうとがんばります。これらは、人生の午前中の生きる知恵でもあります。

人生の午後には、「手放すこと」が大事になってきます。その理由の1つは、年齢が上がるにつれて、多くの場合、「同じ時間でできること」が量的には減ってくるためです。

私の尊敬する70代半ばの方がこう言っていました。

「90代をピークに！　っていいですね！　60代までは人生の中でも最も生産的な年代です。私は70代になって、前は週に70～80時間働いていたのが、50～60時間になりました。まあ、それでも元気に仕事をしているほうだと思うけど、ポイントは〝以前と同じようにはできなくなってくる〟ということです。

だから私は、時間の使い方により気をつけるようになりました。より意識的に選ぶようにしています。〝Do less better〟（より少ないことをよりよく行う）です。アナタはまだ50代だけど、90代のピークに向けて、自分が何をやって何をやらないのか、何を始めて、何を続けて、何はやめるのか、自分自身の選球眼を鍛えることも意識するとよいですよ」

人生の午前中には、「時間あたりにできることを増やす(効率アップ)」努力をし、「作業時間そのものを増やす(睡眠時間を削る、休日にも仕事をする、家族・友人との時間、自分の時間を削るなど)」ことで、「自分の持ち時間でできること」を増やそうとします。「自分の持ち時間でできること∧やりたいこと、やるべきこと」のギャップを、少ないほうを増やすことで、少しでも埋めようとするのです。

でも、人生の午後には、多いほうを減らす、つまり「やりたいこと、やるべきことを手放すこと」も大事になってきます。

「自分の持ち時間でできること∧やりたいこと、やるべきこと」のギャップの埋め方には2種類あるのです。やりたいこと、やるべきことをじょうずに手放すことは、人生の午後を生きる知恵なのです。

07

「Life is too short for ～」は魔法の言葉

「やりたいこと・やるべきことを手放す」ための魔法のフレーズがあります。私の敬愛するデニス・メドウズがよく口にする、「Life is too short for ～」という言葉です。直訳すると、「人生は～には短すぎる」、つまり、**「人生は短いんだから、～なんてやっていられないよね」**というニュアンスです。

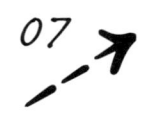

デニスはワインを選ぶ時も、珈琲を頼む時も、「Life is too short for bad wine/coffee.」とつぶやいて、もちろんお財布との相談の範囲内ですが、妥協せずに質のよいものを選びます。

何か新しいことにチャレンジしようかどうしようかと迷っている人には、「Life is too short for not trying now !」と言ってあげられるでしょう。「人生は短いんだから、今チャレンジしなくちゃもったいないよね」。一方で、あまりにも多くの荷物を抱え込みすぎている人には、「Life is too short for keeping everything you have !」、「人生は短いんだから、持っているものすべてを抱え続けてられないよ！」ですね。

あなたにとって、「Life is too short for〜」の「〜」には何が入りますか？

同僚や友人の聞きたくもない長話や愚痴につきあう時間でしょうか？

何となくテレビを観たりＳＮＳやネットサーフィンをしている数時間でしょうか？

自分にとって必要のない時間、避けたい時間、減らしたい時間といった、「無駄な時間」を考えてみることは、残り時間が限られてくる人生の午後には、特に大事です。

もちろん、どのような時間が「無駄な時間」なのかは、人によって異なります。ある人にとっては無駄な時間でも、別の人にとっては大事な時間だったり、その逆もあります。ですから、**「自分にとっての無駄な時間」を明らかにしておくことが大事**なのです。

イトウさん（仮名）は、職場までの通勤時間が「無駄な時間」だとこぼしていました。片道2時間近くかかるうえ、電車も混んでいて、座ることはおろか、本も読めない状態だそうです。「せめて腰を下ろせれば、車内書斎として時間を有効に使えるのですが……」。

「定年退職までの年数×年間の出勤日数×4時間」を計算した彼は、「これだけの無駄な時間を放っておけない！」と家族とも相談。末っ子が大学に入学して家を離れたことをきっかけに、職場の近くに賃貸マンションを見つけて引っ越しました。「元の家も庭もそのままなので、週末には家庭菜園の手入れに行ったりします。定年退職後は戻るつもりですが、それまでの時間をより有効に使えるようになりました」とのこと。

私のオススメは、**「今は仕方がないので時間を使っているけど、本当は使いたくない時間リスト」をノートに書き出してみること。**そのすべてに、すぐに手が打てるわけではありませんが、少なくとも意識しておくことで、チャンスがあればその時間をなくしたり、減らしていくことができるでしょう。

そうやって、残り時間を大事に、本当に使いたいことに使えるようにしていくこと。迷った時には、ぜひ魔法の言葉、「Life is too short for ～」を思い出してください。

08 「いい人」でいることをやめる

人の期待にあわせて無理をしてしまうとか、本当なら使いたくない時間を使ってしまうといったことがありませんか？

かくいう私も、かつてはそうでした。断ると相手に悪いんじゃないか、相手を傷つけるんじゃないか、相手との関係性を損なうんじゃないか、と心配して、それぐらいなら引き受けちゃったほうがラクだ、と引き受けてしまう。でも、心からやりたいことではないので、気が乗らない、時間がかかる、ストレスが高まる……ということもよくありました。

でも、人生の午後にさしかかって、「Life is too short for 我慢していい人を演じる」だよねえ、と思うようになりました。もしあなたが「断るのがコワクて断れない症候群」なのだったら、断るかどうかを逡巡せざるを得ない状況に陥るまえに、「ど

ういう依頼や期待には応じるか」（つまり、どういう依頼や期待以外には応じないか）についての自分なりの基準をつくっておくことをオススメします。

国際会議で出会ったある人は、世界中から講演の依頼が舞い込む人気者ですが、「すべての期待や依頼に応えていたら、自分のための時間がなくなってしまうからね、自分なりの基準に照らし合わせて即決・即答するんだよ」と教えてくれました。

彼の「講演を引き受ける基準」は、①行ったことのない場所へ行ける、②新しいことが学べる、③旧友に会える、④自分が講演することで本当に違いを生み出せる、だそうです。①～④のどれかに当てはまれば受けるし、どれにも当てはまらなければ、断るとのこと。

「いちばんいけないのは、受ける気がないのに、相手に遠慮して、『行けるかもしれない』という曖昧な返事をすること。それより、その場でシンプルに『申し訳ないが、受けられない』と伝えるほうが相手にとっても自分自身にとってもずっとよい」というアドバイスもしてくれました。

マンションの当番制の役員など、断れないものももちろんありますが、「相手に悪いから」「昔からずっとやっていたので」「周りの人に悪く思われないか心配で」などの理由で、本当は断りたい頼みごとを引き受けることが多いとしたら、自分なりの「引き受ける基準」をつくっておくとよいでしょう。

基準に合っているなら、気持ちよく引き受ける。基準に合っていないなら、しなやかに断る。「Life is too short for 引き受けたくない依頼を引き受けること」です!

09

人間関係にヒビの入らない断り方を身につける

人生の午後に必要なスキルの1つが、**「しなやかに断る」スキル**です。自分にとっての無駄な時間を減らそうとした時、それがテレビを観ている時間なら、自分自身でコントロールできます。しかし、人の依頼を断りたい場合には、対人関係に悪影響を与えない断り方を身につけておかないと、断れなくなってしまうからです。

ディック・ライダーは、「自分自身に『イエス』を言うために、ほかの人に『ノー』を言うことを学ぶこと」が自分らしい人生を生きていくために大事だと述べています。人の依頼に「ノー」と言うことは、自分自身に「イエス」を言うこと。逆にいえば、本心に反して人の依頼に「イエス」を言うことは、自分自身に「ノー」を言うことになるのです。

私の仕事や人生の師でもあるデニス・メドウズは、「時間を無駄にしない」名人であり、「じょうずに断る名人」でもあります。一緒に船の旅をしていた時、数十年来の友人の熱心な依頼をシンプルに断っている様子を見たことがあります。日本人の私は、旧友のたっての依頼を断るのは難しいよなあ、と思って見ていました。断るにしても、どう言おうか、どう理由づけしようかと考えてしまいそうです。そこで、デニスにその秘訣を聞いてみました。

「まず、自分が相手を心から大事に思っていることは、長年のつきあいで相手もわかっているし、断る時にも伝える。そのうえで、自分のいつもの考えを伝える」

「いつもの考えって?」と私。

「私はいま74歳だ。健康状態や平均寿命から、自分の寿命はあと6年ぐらいかもしれないと思っている。6年といえば、約2000日だ。残りが2000日しかないのだから、本当にやりたいことだけをやりたい。その依頼がそうでなければ、そのように伝える。寿命が永遠にあれば喜んで引き受けるが、2000日だとしたら、本当にやりたいこと以外には使いたくないのだ、とね。そして、必要とあれば、代わりの適任者を探すなどの助力は惜しまない」

私は50代なので、90代のピークまで考えると、40年余、15000日ぐらいの計算になりますが、でも、「50代という人生の時期にやりたいかどうか」を考えれば、デニスと同じく2000日ぐらいです。そう思えば、「本当にやりたいことか」を見極め、相手にもなぜ引き受けられないかを説明することができそうです。

和を尊ぶ私たち日本人は、「相手に悪いのではないか」と、人のことを気にしがちです。そこで大事になってくるのが、交渉術などでも大事と言われる「Hard on facts, soft on people.」の原則です。「そこで取り扱っている物事には厳しく、人には優しく」といったところでしょうか。

つまり、「あなたが嫌いで断るのではないのです」というメッセージをしっかり出すこと。何であっても何かを依頼してくる人は、それが大事だと思っているわけですから、「その大事さはわかっているつもりです。できれば応援したいと思っていいます」という温かい気持ちとともに、「しかし、この状況で自分が引き受けることはできない」という事実をしっかり伝えます。

私はそういう時に、「こういう条件なら（「週末なら」「1時間だけなら」「来月でよければ」など）引き受けられますが、どうでしょうか」という代替案を添えたり、「今回はどうしてもお断りせざるを得ませんが、だれか代わりの人を推薦しましょうか？」「せめて、その会の集客・告知をお手伝いしましょうか？」と、断られたあとの相手が少しでもやりやすいように自分ができることを付け加えたりするようにしています。

自分なりにいろいろと工夫して、「人間関係にヒビが入らない断り方」を身につけることは、特に人生の午後に向けて、大事なことの1つです。

10

人生の残り時間とのつきあい方

人生の後半を進んでいくと、「自分の残り時間」が気になりだすかもしれません。私にもそういう時期がありました。

毎朝まずスマホやiPadを見るのですが（目覚ましとしても使っているため）、トップ画面にカレンダーの1枚として今日の日付が出ています。毎朝それを見ながら、「まるでパラパラ漫画みたいに、どんどん進んでいっちゃう……」「この間『1』だと思ったら、もう次の月の『1』になってる！」と焦りを感じていたのです。

ある時、計算してみたことがあります。「自分は90代にピークをもっていって、その後もしばらく生きるつもりだけど、仮にあと50年生きると長めに見積もっても（100歳超えます！）、50年×12ヶ月＝600回しか、この「1」は見られない……」。余命が40年だったら480回、30年だったら360回。「1」から「1」までの時間の飛ぶような早さを考えると、「あっというまに、終わってしまいそう……」。
そんな焦りを抱えて、「どうすればこの焦りがなくなるのかな」と思いつつ数ヶ月を過ごしたのち、ふっきれました。「数えても残りの時間が延びるわけじゃなし」と自分に言ったのです。

自分にとって大事なのは、日数ではなく、その1日1日がどれだけ輝いているか。つまり、自分の腑に落ち、「これでよかった」と思える時間を過ごしているか、だと。そう思えば、どの日もどの1時間も「まっさらの1日、まっさらの1時間」なんだ！と。今からまっさらな1時間を過ごせること、今日もまっさらな1日を過ごせることは、なんて幸せなことなのだろう、と。

そう思えるようになってから、残り時間から来る焦りはなくなりました。「人は生きてきたように死んでゆく」とも言います。人生の午後、特に人生の夕暮れ時にさしかかったら、「残り時間」とのつきあい方も大事にしていきたいものです。

第 4 章

90代にピークをもっていく!

楽しく成長し続ける

01 人は何歳になっても成長するもの

ある大学の入学式の祝辞で、「社会人になったら成長は止まる。だから学生の間に勉強し、成長せよ」とおっしゃっている方がいました。新入生への叱咤激励のエールなのでしょうけど、「社会人になったら成長は止まる」はないよなあ、と思いながら聞いていました。

心理学の分野でも、かつては「子どもが大人になるまで」が発達の時期と考えられていました。でも、現在では老年期も含めて、「人は生涯を通して変化・成長を続ける」と考えられています。発達心理学の研究対象も（かつては子どもでしたが）、現在では「生涯発達心理学」とも呼ばれるように、人生の最初から最後までが研究対象です。

自分の実感としても、周りにいる「素敵だな」と思う人や社会で活躍している人々を見ていても、「人間としての成長は○歳で止まる、というものではないなあ」と思います。そう思いませんか?

もっとも、人生の午後の成長は、人生の初期や前半の発達や成長とは、中身が異なります。量的な拡大から、質的な成熟へ。「どれだけ稼げるか」「どれだけ持っているか」よりも、**「どれだけ自分の腑に落ちる人生を生きているか」「どれだけ自分のことをこれでいいと思えるか」**が鍵になってきます。

発達心理学者のエリク・エリクソンは、65歳以上の「成熟期」は「私は私でいてよかったか?」という問いへの答えを模索する時期だと述べています。

最期の時がきたら、「私は私でいてよかった!」と言いながら、あの世へ行きたい! そのためには、いつまでも成長し、進化し続ける自分でいたい。人生のピークを90代にもっていくつもりで生きていけば、「長生きとは、張り合いのある時期が長く持てることなのね」と、楽しくなるはず! と思います。

02

人生の午後は「冒険の時期」

私は、「人生の午後こそ、冒険の時期！」と思っています。「身体も動かなくなってくる時期なのに、何を言っているんだ？」と不思議がられそうですが、本気でそう思っています。

もちろん、冒険と言っても、登山やロッククライミングに挑戦するとか、秘境の地に行ってみる、といった外側の世界での冒険ではありません（もちろん年齢にかかわらず、こういった外的な冒険をすることも素敵だと思います！）。

私の言う「冒険」とは、**「自分の内なる冒険」**のこと。

心理学者のユングは、「私たちはだれもが、生きてこなかった自分を持っている」と言っています。だれもが、人生のあちこちで、さまざまな選択をして生きています。

「何かを選ぶ」ということは、「それ以外のものを選ばない」ということ。ある仕事を選ぶということは、それ以外の仕事を選ばないということ。あるグループに属するということは、それ以外のグループを選ばないということです。そう考えると、だれの人生にも、「選ばなかった＝生きてこなかった自分」が数知れないほどあるのです。

人生の午後の冒険の1つは、そのような「これまで生きていなかった自分」を生きてみる、という冒険です。

家族最優先で家庭からほとんど外に出なかった人が、子どもが巣立ったあと、家にはほとんどいないほど、地域活動やボランティアなどに飛び回るようになる。

広い人脈と人づきあいのよさで企業で活躍していた人が、退職後は家から一歩も出ずに、陶芸作品をコツコツとつくるようになる。

このほか、いろいろな冒険ができることでしょう。

doingだけでなく、beingでも、これまでとは違うあり方という冒険ができます。

たとえば、これまでは物静かな内向的だった人が、がらりと外向的な人になって、まわりをびっくりさせる。データと根拠をもとに論理的にコツコツと詰めて考える人だったのが、直観を大事にするようになり、ぶっとんだ発想を楽しむようになる。

また、「選ばなかった」のではなく、当時の状況から「選べなかった」「断念した」ということもあるでしょう。「お金がなかったから」「時間がなかったから」「まわりから別のあり方を期待されていたから」などの理由で、選べなかった〝別の自分〟がたくさんある。その**「やりたかったけれど、これまであきらめていたこと」をやってみる**、という冒険も大いにできる。人生の午後を生きる醍醐味の1つです。

78歳になる私の母は、「いまこそ、冒険の時」のお手本のような人生を送っています。母は、妹や弟を大学にやるため、自分は高卒で働き始め、結婚後も自分の趣味はほとんど持たずに、私と弟を育てるために、父とともに働きづめに働く人生を生きてきました。

その母が、私と弟が大学に入ったあと、「昔からやりたかったの」と油絵を習い始めたのは、44歳の時。50歳で、父に誘われて登山を始め、和太鼓を習い始めたのが67歳（今では演奏会の最前列のど真ん中で演奏させてもらうほどの腕です！）。「小さい時には神戸土曜会合唱団に入っていたのよ」と、クリスマスにメサイヤを歌う合唱グループに入って舞台に登場し始めたのが73歳の時。次はいつ何を始めるかなあ？

――生涯青春！　の人生です。

人生の午後の冒険は気楽です。やってみて、「ちょっと違うなあ」と思えば、やめればいい。また別のものを試してみればいい。失うものは何もありませんから。

03

「創造的緊張《クリエイティブ・テンション》」を失わない！

年をとっても老けない生き方の秘訣の1つは、「適度の緊張《テンション》」です。

左手の人差し指に輪ゴムをひっかけて、右手の人差し指でびよーんと上に伸ばす様子を思い描いてみてください。右手の指が、輪ゴムの元に戻ろうとする力に抗って、輪ゴムを引っぱり続けている間に、左手の指を「ヨイショ」と動かして、右手と同じ高さまで持ってくる。すると緊張が解けます。今度は左手の指がもう一歩先へ進む。ふたたび緊張が生まれ、その力で動きが生まれます。

このような、一方がもう一方を引っぱり上げる力を「創造的緊張《クリエイティブ・テンション》」と呼びます。

この時、先に進んだ手が、輪ゴムの元に戻ろうとする力に負けて、元に戻ってしまうと、動きは生まれません。成長しません。そもそも、どちらの手も先へ進もうとしなかったら、緊張も成長も生まれません。

人の成長も同じです。人は何歳になっても、このように、創造的緊張をつくりだし、それを解放するために動くことを繰り返して、成長していくものなのです。

「老けている人」とは、年齢に関係なく、この緊張を生もうとしなくなってしまった人、緊張が生まれても、「元のままでいいや」とすぐあきらめて元に戻ってしまう人です。

人生の午後になると、がむしゃらに活動していた午前とは違って、ある意味、受け身でも生きていけるようになる場合が多いでしょう。まわりの人が気遣って、いろいろな世話をしてくれようとすることも増えてくるでしょう。自分では何もしなくても暮らしていけるかもしれません。一見、ラクな生き方に見えますが、ここに大きな落とし穴があります。

できることまで人に頼ってしまったり、「どうせ年だから」とチャレンジをしなくなったりしはじめると、「老けプロセス」まっしぐら! 人生のピークを90代にもっていくことは到底できなくなってしまうでしょう。

いつまでも、自分の考えやチャレンジの幅を広げ続けること。いくつになっても、自分でできることは自分でやるだけでなく、まわりや世の中の役に立つ人でいようとすること。そうすれば、心のイキイキ感と、「自分は必要とされている」という感覚を持ち続けることができます。これが人生の午後の幸せをもたらしてくれるのだと思うのです。

04

新たな学びの場へ飛び出そう

これまでしてこなかったことを試すという冒険をし、創造的緊張という張りのある人生を送る1つのコツは、「新たな学びの場を探す」ことです。

人生の午後の学びは、会社や人のための学びではなく、あくまでも「自分のため」の学びです。人のためでなく、自分だけのために学べるなんて、なんて幸せなことでしょう！　何を学ぶのか、どのように学ぶのか、すべて自分でたづなを握ることができます。

人生の午後に豊かな学びを実践している人々を見ていると、4つのグループに分けることができそうです。

(1)これまでの専門分野をさらに極める！

私が活動している環境分野では、企業の環境部門を引退したあと、環境カウンセラーになって、他社や市民グループを支援している人が少なくありません。ほかにも、定年後に研修講師の個人事業を立ち上げたり、現役の時に関わっていた技術開発を事業化するプロジェクトを始めたり、それまで培ってきた専門性やノウハウ、人脈などを活かして活躍している人がたくさんいます。

「生涯現役！」で活躍し続けるためには、それまでの貯金だけでは十分ではありません。自分の専門分野ややってきたことの土台の上に、さらなる学びを続けている様子は、1つのお手本になります。

(2)これまでやりたかったが、できなかったことを学ぶ

人生の午後には、「本当はこれがやりたかった」という若い頃の夢や、「実業と関係ないから、時間が取れなかった」趣味などを、大手を振って学び、実践することができます。

50代になってから、会社役員の傍ら、絵筆を握る生活を始めた知り合いがいます。

「ずっと絵を描きたいと思っていたんです。ずっと仕事が忙しくてできませんでした。でも、このまま『やりたいと思っていた』と言いながら死ぬのはいやだ、暇になったらと言っていたらいつまでたってもその時はやってこないかもしれない、と絵を習い始めたんですよ。これが楽しくて楽しくて！　思い切って始めてよかった、もっと早く始めればよかった、なんて思ってます」

（3）これまで興味もつながりもなかったが、地域の学びの場に参加する

地域にある学びの場を見つけて参加すれば、人生の前半にはつながりのなかった新しい世界を発見できます。

地元のコーラスグループに入って、大好きな歌をピアノの伴奏付きでみんなで歌い、友だちもできたという人。地元の図書館で、地域の歴史を学ぶ勉強会に参加し、あちこち先生の解説付きで歩いて、地域を見る目が変わって楽しい！　という人（この人はとても熱心に学び、自分でもいろいろ調べたりしたあげく、今ではボランティアで先生役も務めています）。

職場や家庭のことばかりに目が行っている時には気づかないものですが、地域には

本当にいろいろな学びの場があり、新しい友人が待っています。地元の友人や近所の人に聞いてみるのもよいでしょう。図書館や集会所などに行ってみれば、いろいろな勉強会やグループの参加者募集の張り紙があるでしょう。地元の役場にも「生涯学習」「地域活動」などの担当者がいますから、いろいろ教えてもらえると思います。

ぜひ素敵な地域デビューを！

（4）いろいろな分野・スキルが用意されているオンラインの学びの場に参加する

ＭＯＯＣ（ムーク）というのを聞いたことがありますか？　Massive Open Online Course の頭文字で、「大規模オープンオンラインコース」。ネットさえあれば、どこからでも世界の一流大学の一流の先生たちの授業を無料で受講できる、というもの。ネット時代だからこそ実現した、〝大規模な〟学びの機会です。これを見逃す手はありません！

２００８年秋に実験的な配信が始まったのち、主にアメリカの大学が運営するプラットフォームがいくつも立ち上がっています。世界中の数百の大学から、数千ものコースが提供され、世界中の数千万人が登録し、受講しています。

私は、MOOCプラットフォームで最大の登録者を擁するCoursera（コーセラ）のコースをいくつか受講しています。ちなみに、Courseraの登録者数は私が登録した段階で約1700万人を超えていました。グローバル・ネット社会ならではの、すごい数の〝同級生数〟です！

提供されている科目は多岐にわたっているので、自分がこれまで学んだり活動してきた分野のおさらいもできますし、「こんな科目があるんだ！」という、新しい出会いを楽しんだりしています。ここでなければ、絶対に出会わなかったであろう科目も多く、「自分の専門分野でもなく、もともと知っていてやりたかった分野でもなく、地域に根づいているわけでもない」学びの場となっています。

Courseraは基本的に英語での授業ですが、日本語訳がついているコースもありますし、日本でもJMOOC（日本オープンオンライン教育推進協議会）が立ち上がっています。日本語で学べる、日本人向けのコースです。これまでにない学びを可能にするシステム、よかったらのぞいてみてください。

05

発信者となる

自分を成長させ続けるための大事なポイントは、「発信者となる」ことです。まず、何よりも「自分のため」になります。学んだり頭を使って考えたことを、そのままにしておくのではなく、**発信することで、学びや思索を本当に自分のものにすることができます。**

学んだり頭の中で考えたことをだれかに話して初めて、自分の理解があやふやな点がわかったり、考えの不十分な点がわかります。また、学びを口にすることで記憶にも定着しやすくなりますし、質疑応答や議論をすることで、考えが深まったり広がったりします。こういったことはすべて、「発信者になる」ことから得られるメリットです。

もう1つは、「社会のため」になるからです。**せっかく学んだり考えたりしたことをそのまま、自分だけのものにしておくのはもったいない!** それを役に立ててくれる人がきっといるでしょう。

小冊子や配付資料にまとめるのもよし、ブログやフェイスブック、ツイッターなどのSNSで発信するもよし、近所や地域での会話に織り交ぜるのもよいでしょう。小冊子などもレイアウトなどにも気をつけてじょうずに作成すれば、ダウンロード可能なPDF版としてウェブに置くこともできるでしょう。うまくすれば電子出版につながるかもしれません。

86歳になる私の父はハイキングが好きで、よくカメラを持って出かけていきます。勉強好きなこともあって、行くまえに、その山の様子はもちろん、地名の由来などまで詳しく調べてから出発です。季節の花の写真を撮りながら、楽しい1日を過ごして帰ってくると、それからが楽しみの第2弾! です。

最寄りの駅からバスへの乗り換え方、バスの本数、登山口の目印、途中のハイキング道の状態や注意事項、珍しい植物の生えている場所への行き方など、詳しい説明と素敵な風景やお花の写真をブログにアップするのです。

丁寧でわかりやすい説明は、ハイキング愛好者からも大好評とのこと。ブログを読んでハイキングに行った人からお礼のメールをもらったよ、とにこにこしています。自分の学びや体験を、自分だけのものにしておくのではなく、発信することで、学びも成長も幸せもぐっとアップ！　します。

私もいろいろなチャネルを使って、自分が学んでいること、考えていることを発信しています。「発信することは最大の学びと理解につながる！」と心から思います。同時に、自分の学びや考えを社会に発信することで、望ましい社会への動きを少しでも進められたらいいなあと思っています。

06

「急ぎでないけど重要なこと」に取り組む

人生の午後が「素敵な成長期」であるもう1つの理由は、「不急・重要領域」に取り組めるからです。

私たちがやることはすべて、次ページの図のように、「自分にとって重要か、重要でないか」「急ぎか、急ぎでないか」の2つの軸で分類することができます。

たくさんの「やりたいこと」「やるべきこと」の中から、私たちは通常「急ぎ・重要」（I領域）から手をつけます。急ぎですし、重要でもありますからね！

I領域が終わったら、次にはどこに向かうでしょうか？　多くの人が「急ぎ・重要でない」（II領域）の作業を始めます。自分にとっては重要ではないけれど、〆切があるとか、だれかがその作業の完了を待っているとか、とにかく「急ぎ」のものをやっつけなくちゃ！　となります。

Ⅱ領域が終わって初めて、「急ぎでない・重要」（Ⅲ領域）に手をつけようとします。だれかにせっつかれることもなく、〆切もないけれど、自分にとって重要なこと――たとえば、当面の仕事には関係がないけれど、好奇心をそそられる本を読んでみるとか、昔の友達に手紙を書くとか、自分のこれからについてじっくり考えるとか。

しかし、このあたりで時間切れになってしまうことが多いのです。へたをすると、このⅢ領域まで来るまえに、「今日も終わってしまった……」とため息をつくこともあるでしょう。

かくして、人生の午前には、「急ぎでは

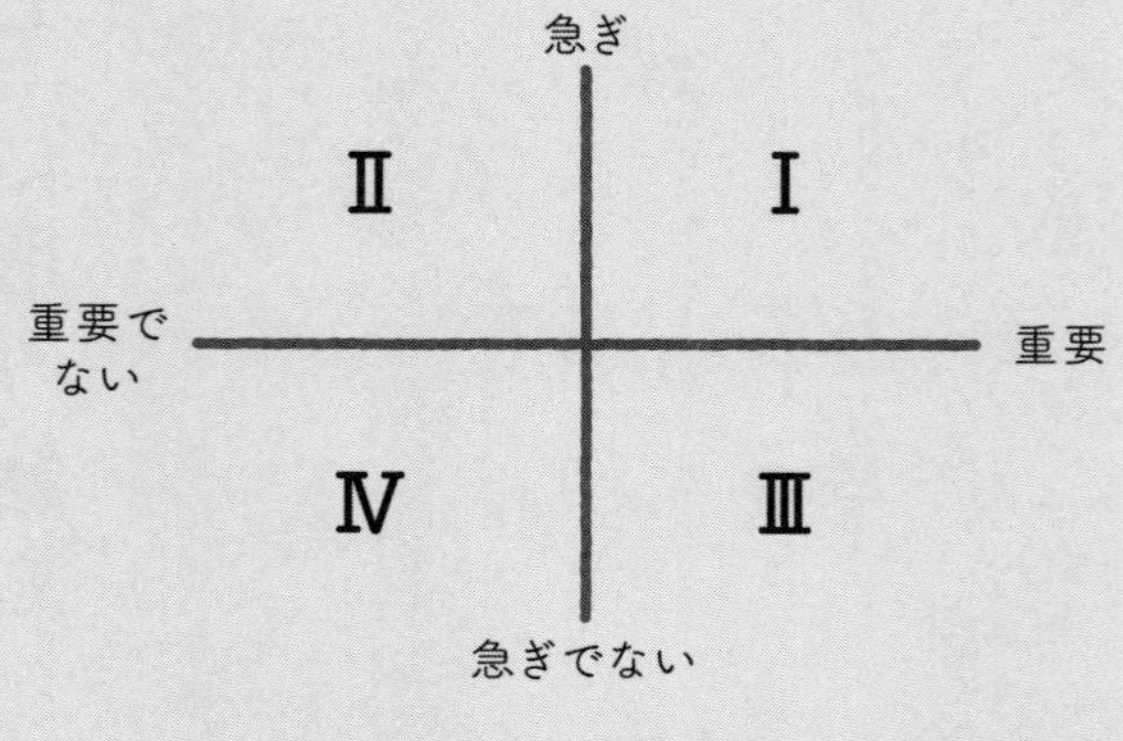

やることはすべて4領域に分類できる

ないが、自分にとっては重要なこと」がなかなか進められません。「いつか、時間ができたらやろう」と思っていても、なかなかその日はやってこないのです。

人生の午後には、午前に比べれば、「急ぎ」が減っていきます。「デッドライン」（死の線！）と呼ばれる〆切が降ってくることも減っていくでしょう。もっとも、自分できちんと意識し、じょうずに他人の期待値を調整することができれば、ですが。人からの依頼や〆切がないと「自分には価値がないのではないか」と心配になってしまう人は、余計なことを引き受けたり買って出たりして、結局、「急ぎ」領域に追われることになってしまいますので……。

そうならないように、じょうずに自分とまわりの人々の期待値を調整していきましょう。そうすれば、人が待っているとか、人の〆切にあわせるために、「自分では重要だと思っていないこと」をやるよりも、「急ぎではないけれど、自分にとって重要なこと」により時間を使うことができるようになるでしょう。

07

人生の午後は内へ向かい、円熟をめざす

人の成長は、生まれてすぐから（実は胎内から）死ぬまで続きます。でも、その成長の質や分野は、人生の段階によって変わってきます。

人生のピークを90代にもっていく！　ための人生の午後に、とくに大事になってくる成長は「内面」の成長です。「深化」といったほうがいいかもしれませんね。

人生の午前中の成長は、外に向かうもの、外から見えたり測ったりできるものが多いのに対し、人生の午後の成長は、自分の内に向かうものがとても大事になってきます。ディック・ライダーの言葉を借りれば、**外へ向かう「アドベンチャー」に対し、内へと向かう「インベンチャー」**です。

かつての長老は、成熟・円熟した知恵と存在によって、尊重され、敬われていました。今の時代は、測ることのできない人間としての成熟度や円熟度は尊重されず、

「どれだけ早く、どれだけ多くのことができるか」という効率性の尺度で人の価値が測られてしまうことがほとんどです。年齢を重ねた人が評価されにくい世の中なのです。

でも、世の中から評価されてもされなくても、少しでも人として成熟した存在に向かって努力していきたいものです。

元米国大統領のジミー・カーターは人生の達人としても知られていますが、彼が「年齢をただ重ねるだけで、円熟していかない人が多すぎる」と書いているように、年齢をただ重ねるだけでは成熟・円熟はしていきません。人生の午後に「円熟していく」ためには、何が必要なのでしょうか？

私は、その鍵は「今・ここ」「克己」ではないかと思っています。それぞれ説明しましょう。

08

「今・ここ」に100%集中する

成熟・円熟に向かう生き方の1つめの鍵は、「今・ここ」です。

過去のことをくよくよしたり今後のことを心配したりするのではなく、「今・ここ」に100%存在すること。食べている時は、食べているものに100%の注意を注ぐ。だれかの話を聞いている時は、頭の片隅で別のことを考えながら聞き流すのではなく、100%集中して耳を傾ける。

「今・ここ」を深く生きて初めて、生きる「深さ」が増していきます。

もっとも、「今・ここ100%」がどんどんやりにくくなる時代に私たちは生きています。忙しさは加速度的に増加し、絶えず効率化を求められ、いくつもの作業を同時並行して進めていくマルチタスクや「ながら」作業をせざるを得ない状況も多いでしょう。メールなどで、時間や場所に関係なく、いろいろなやるべきことが飛び込んできます。

「今・ここ」でやっていることは、人のための用事のため、明日のため、将来の準備でしかなく、自分の「今・ここ」の瞬間に100％浸ることに意味も意義も感じられないということも多いでしょう。

それでも、いや、だからこそ、「心ここにあらず」が常態となりがちな時代だからこそ、時々でもよいので「今・ここ」に生きている自分を意識し、感じることが大事だと思うのです。瞑想や最近注目されているマインドフルネスも、その実践であり、訓練です。

1日に5分か10分、意識して「心ここにあり」の時間を持ちましょう。瞑想やマインドフルネスの時間を持つもよし、特にそういう時間をとらなくても、食べる時は食べることに、人の話を聞く時は聞くことに、注意を集中することを時々意識するのもよいでしょう。

いつも、というわけにはなかなかいきませんが、10回に1回でも、「今回は、何かをしながらではなく、ふらふらと気が散るままにするのでなく、しっかり『今・ここ』に100%いるように意識してみよう」とやってみることは役に立ちます。

09

「あと5分！」の克己トレーニング

成熟・円熟に向かう生き方の2つめの鍵は、「克己」です。

克己とは、おのれに克つこと、つまり自己規律です。他人からの期待や依頼に応える必要が減れば減るほど、自分でしっかりと自分を律する力が大事になってきます。

東洋思想の師である田口佳史先生は、「愉快な人生を送るための鍵は、**立腰《りつよう》・克己・慎独《しんどく》だ**」とおっしゃっています。

＊腸が長い日本人は特に、しっかり腰を立てて下腹を広くし、血液や体液の循環をよくすることが健康と堂々とした姿勢と胆力につながる（立腰）。

＊「これぐらい」「今回ぐらい」と自分を甘やかすことなく、自分に克つ力が、一段

高く豊かな幸せにつながる（克己）。

＊特に、だれも見ていない独りの時に、「だれも見ていないのだから」とだらけるのではなく、そういう時こそ、だれが見ても恥ずかしくない自分でいることが、自分への信頼と自信につながる（慎独）。

田口先生に教わってから、私は克己トレとして、**「5分ルール」**を自分に課しています。ジョギングしていて、「疲れたから、今日はこれぐらいにしようかな」と思ったら、「あと5分走ったら」と自分に言い聞かせる。「おなかがすいたなあ、おやつを食べようかな」と思ったら、「あと5分がんばったら」と言う（この5分間に空腹感が消えて、結局食べないことも多いので、この5分ルールはダイエットにも役立ちます！）。

実はこの克己トレ、集中力アップにも役立ちます。集中を阻むのは、大別すると「始める壁」（やりたくない気持ち）、「始めたあとに気を散らすもの」、「終わったあとに、次に移らないでぐずぐずしていること」です。このどれをも、克己力を身につけることで、やり過ごすことができるようになります。集中力が続くようになるのです。たとえば、ウェブで情報検索中に、今の作業には関係ないけれど興味のあるバナーやリンクが出てくることがありますよね。ここで、素直に気を散らしてしまうと、相手の思うつぼ。集中はそこで途絶えてしまいます。「克己」を意識していれば、そこでふんばって、「ついていかない！　この作業が終わってから見に行けばよい」と、自分を引き戻すことができます。

「慎独」も、人生の午後には大事なポイントになってきます。100歳を超えても活躍中の女性カメラマン・笹本恒子さんは、凛とした生き方の素敵な方。その秘訣の1つは、「独り暮らしでも、きちんと食事の準備をすること。毎食ランチョンマットを敷いていただく」とのこと。

慎独は、だれかのためではなく、自分のため、自分の心の豊かさと平穏のための心がけなのだなあと思います。

10

満足を自給して、自分のために生きる

自分で自分を育てる上で大事なポイントがあります。本書で何度も強調していることですが、「満足を自給できるようになること」です。人との比較や「だれかが褒めてくれるから」ではなく、「だれが何と言おうと、自分でこれでよいと思う」自分になる、ということ。

「自分の評価は自分で下す。自分の満足を外に頼らない」というシフトは、人生のいかなる時期にも大事なものですが、人生の午後には、特に重要になってきます。なぜでしょうか？

1つには、**組織などに属していた現役時代に比べると、多くの場合、「褒めてくれる」「認めてくれる」人の数が減る**からです。それでもなお、「人に認めてもらえて初めて、よかったと思える」自分では、満足できる機会、幸せに感じられる時間が減ってしまいます。

それに対して、自分だけで満足や幸せを感じられる〝満足自己供給型〟の自分であれば、得られる満足や幸せに限界はなくなります！

人生の午後は、だれかのため、組織のため、ではなく、「自分のため」に生きていくことになります。報酬や見返りなど、満足を与えてくれるものを外部に求めるのではなく、満足を自分自身で自分に供給できるようになっておくと、ラクに幸せに生きていけます。


このシフトが必要であるもう1つの理由は、**〝満足自給型〟のほうが、何をやるにしても、効果的で長続きする**からです。

教育でも、「罰が恐いから」「ごほうびが欲しいから」「大人がやれと言うから」といった外発的動機づけよりも、「単に楽しいから」「面白いから」「自分がやりたいと思うから」といった内発的動機づけのほうが、学習効果も効率も高く、長続きすることがわかっています。この秘訣を幸せに生きていくためにも活用しましょう！

人生前半では、「人に認められること」「お金や地位」などがモチベーションになることが多いものです。でも人生の午後では、「自分自身の成長の手応え」「自分は自分でよいのだという自己承認」「充実感」などへと、モチベーションの源泉をシフトしていくことを意識しましょう。

自分で自分を認めてあげることで満足できる〝自己承認型〟にシフトできれば、周りの人の意向や気まぐれに左右されることなく、満足して幸せに生きていけます。

第 5 章

90代にピークをもっていく!

心の使い方

01

やると決めた「小さいこと」を確実にやる

人生の午後、90代のピークに向けては、これまであまり目を向けてこなかった「自分の心」を意識し、〝水やり〟をして、内面の豊かさを大事に培っていきたいものです。

何が心にハリと潤いを与えるのでしょう？　その1つは「心の満足感」です。「ああ、よかった」「できた！」という感覚は、自分の心にとって大きな栄養となります。たった5分でも3分でもいい、どんなに小さなことでもよいので、「私はこれをやる」と決めて、実際にやるのです。3分ぐらいなら、気の散りやすい人でもできるでしょう。そして、それを繰り返すこと。先ほどの「克己」を意識的に、自分のプチ課題として行い、できたらできた自分を認め、褒めるのです。

どんなに自分に自信がない人でも、心の満足感を得るためにできることがあります。

たとえば、本を読んでいる間に、メールやフェイスブックが気になっても、「あと5分だけ本を読む」と自分の中で決めて、がんばる。5分たったら、「できたね！」と自分を褒める。

帰宅したら玄関で靴をきちんとそろえる、昨日会った人にお礼のメールを書く、昼食の後に歯を磨く、などなど。どんなことでもよいのです。

最初は、カンタンにできること、自分に抵抗がないことを積み重ねていきましょう。どんなに小さなことでもかまいません。というよりも、小さなことのほうがよいのです。時間をかけて大きなことを1つ成し遂げた時にも自信はつくでしょうけど、それよりも、小さな「自信」を1日にいくつもつけていくことのほうが近道です。

そのうち、ちょっと面倒だなと思うことや、やらなきゃと思いつつも手がつけられていなかったことも混ぜていくことができるでしょう。

ここでのポイントは、何日もかかることではなく、やろうと思った時にすぐに完結する「小さいこと」を選ぶこと。「この本を読もう」ではなく、「この本の次の1ページを読む」という具合です。そして、「やる」ためにモチベーションを高める必要もありません。淡々と「ただやる」だけです。

このトレーニングは2つの意味で、幸せな人生に役立ちます。

1つは、**自分に自信が持てるようになります。**「小さいことでも、自分でやると決めたことをやる」ことを通じてしか、自信をつけることはできないからです。「自分に自信がない」「どうやったら自信をつけられるか」とよく尋ねられますが、私は「小さいことでも自分でやると決めたことをやることを重ねていけばいいんですよ」と答えます。

もう1つは、「やらなきゃ」と気になっていることも少しずつ混ぜ込んで進めていくことで、**ストレスが減ります。**

脳科学や心理学の知見から、人間の短期記憶は4つとか7つとかが限度と言われています。「やらなきゃ」とどこかで気になっていることは、その貴重な記憶領域を使ってしまっています。

「やらなきゃ」と気になっていることを、この「やると決めて、やる」トレーニングにのせてさくっとすませ、その記憶領域を空けることができれば、集中力にもプラスになり、心のエネルギーの浪費もなくなります。

わずか1分か2分でできることでよいのです。それだけでも十分、心にハリと潤いをもたらしてくれます。

02

1日の始め方を大事にする

みずみずしい心でイキイキと毎日を過ごすために、「1日の始め方」を大事にするようにしています。「1日の始め方」はその日1日に大きな影響を与えます。

私の実践しているオススメの「1日の始め方」は、**朝起きたら、「こう生きたい1日」を描いてみる**、というものです。「今日1日に何をやるべきか」というToDoリストを書くのではなく、その日のスケジュールを時間軸に沿って並べるのでもなく（それはそれで仕事時間のスタート時にやりますが）、「心豊かな今日」を描いてみるのです。

たとえば、「今日は仕事の予定がびっちり詰まっているけど、行きの電車では、あの本の続きを読める。ちょうどいいところにさしかかっているから、楽しみ！　お昼休みは、エクササイズも兼ねて、ちょっと遠いあのお店まで行ってみよう。ランチをゆっくり食べて、コーヒーはエスプレッソがいいかな、カフェオレにしようかな。午後のプレゼンは気合いを入れる！　少なくとも前回ダメ出しされたところは、「よくなったじゃないか」と言ってもらえるように。……」といった感じです。

現実はキビシイので、まったくの理想の1日というのはなかなかないと思います。でも、キビシイ現実の中でも「こんなふうに今日を生きられたら幸せだな」と思える1日を描いてみます。たとえ、描いたとおりにならなくても、それをしないで過ごす1日に比べて、幸せがアップすること間違いなしです。

もう1つのやり方として、**「今日をすばらしい日にするための3つのこと」を書き出す**こともあります。たとえば、「近所の人に会ったら笑顔で挨拶する」「午前の会議は、集中して参加し、きちんと自分の意見を述べる」「夜のワインタイムは、PCもスマホもオフにして、30分ゆっくりと楽しむ」など、何でもよいのですが、「この3つが実現したら、いい1日だったなあと思える」というものを3つ書き出します。

いずれのやり方も、1日のはじめにイメージを描いておくことが鍵。そのタイミングになったら、意識がそちらに向きます。意識が向けば、実現の可能性が高くなります。そうして、小さなことでも「いい1日」につながることを積み重ねていく。そのための「1日の始め方」です。

03 1日の終わり方を大事にする

みずみずしい心でイキイキと毎日を過ごすためには、「1日の終わり方」も大事です。「どういう日としてその1日が記憶されるか」「どのような心情で明日を迎えるか」に大きな影響を与えるからです。

「ピーク・エンドの法則」って、聞いたこと、ありますか？

アメリカの心理学者・行動経済学者のダニエル・カーネマンがさまざまな実験で確かめたもので、「どんな過去の経験も、それが快いものだったか、苦しいものだったかは、ピーク時と終了時の快・苦の度合いによって、ほぼ完全に決まる」というものです。

朝は目覚まし時計に叩き起こされ、パンを牛乳で流し込んで猛ダッシュで満員電車に乗り込み、電車が揺れた勢いで思い切り足を踏まれても「ごめんなさい」のひと言もなく、疲れ切って会社に着けば、昨日あんなにがんばって準備したプレゼン資料が「先方の希望が変わった」からと作り直しを命じられ、休暇で不在の同僚の仕事まで押しつけられ、虫の居所の悪い上司に必要以上に叱られ、「働き方改革」とやらで、仕事は減らないのに残業は認められず、重い鞄を抱えて、ふたたび満員電車に揺られ、帰宅すれば洗濯と掃除当番が待っていて……というくたくたの1日であったとしても（！）、「終了時の快・苦の度合いによって、その1日が快い1日だったのか、苦しい1日だったのかが決まる」という素晴らしいニュースなのです。

としたら、その日がどんな日であったとしても、「終わり方」を大事に大事にしましょう。それが、過去の記憶を形づくるからです。どうやったら、気持ちよくその日を終われるか、自分なりの方法をいくつか持っておくことをオススメします。

好きな音楽を聴く。ゆっくり湯船に浸かる。お気に入りの詩集を開く。落語を聴く。一杯だけ好きなお酒をいただくなど、自分の好きな時間をちょっとでも持つことはとても素敵ですね。

そして、**「1日の終わり方」のオススメは、「イイコト日記」を書くこと**です。「今日よかったと思うことを3つ」書きます。「大きな仕事がやっと終わった!」ということもあるでしょうけど、ささやかなことの中にも「イイコト」が見つかるでしょう。「新しい料理にチャレンジしたら、けっこうおいしかった」「近所の人と初めておしゃべりした」「ビルの谷間から夕焼けが見えた」など。

「今日は最悪の1日だった」と思ったとしても、「その中でもマシだったのは?」と考えてみる。「面白い形の雲を見た」というのもよいでしょう。「エレベータの扉を押さえておいたら、知らない人がお礼を言ってくれた」ことを思い出すかもしれません。

1日の最後に「イイコト」を思い出して眠りにつくことは、とっても幸せな1日の終わり方です。今日の日は「いい1日だった」と記憶され、明日も気持ちよく目が覚めることでしょう。

04

変えたいものは「測って記録」する

もともとの私は、何かを見て「美しいなあ」と手を休めるよりも、目の前の仕事を進めることに夢中、という生き方をしていました。

そんな人生の午前中から、美しいものに出会ったら「美しいなあ」と楽しむ時間を取ることができる午後の生き方へシフトしたい！　と思いました。でも、放っておくと、そうはならない。習慣になっていないからです。そこで、しばらく自分に「そういう時間に目を向ける」方向づけをしていたことがあります。

それが自分にとって大事な時間だとわかっていても、つい優先順位を上げるのを忘れてしまうのが問題でした。そこで、日記代わりのエクセルファイルに、「美しいものを見る・聴く」という欄を設けたのでした。そこに毎晩、「今日は朝の空がきれいだった」「今日は素敵な音楽を聴いたなあ」と、その日経験した「美しいもの」を思い出して記録することにしたのです。

ちなみに私は、**何であっても「変えたいものは測りなさい・記録しなさい」**をモットーにしています。体重やジョギングの回数と距離などなど、その時に「減らしたい」「増やしたい」と思っているものを測り、記録するのです。

測ること、記録することによって、自分の注意や気持ちがそちらに向くようになります。これがコツです。測り、記録することで、意識するようになり、それによって、行動も望ましい方向へと変わっていくのです。その行動が定着すれば、測ったり記録することをやめても大丈夫です。また必要になったら、また測り始めればいい。そうして、私は次々と「測るもの、記録するもの」を進化（?）させています。

この時は、「美しいものを見る・聴く」欄に記録するようになって、日中も「あ、今日はこれを書こう!」とアンテナが立つようになり、「美しいもの・魂の悦ぶ時間」がキャッチできるようになりました。

このように、いろいろな工夫をしながら、一瞬であっても、自分の好きな場所で自分の好きな時間を持つことができるようになれば、魂が悦ぶでしょう。

「自分の好きな場所」や「自分の好きな時間」を見つけることも、人生の午後にぜひやりたいことの1つ。いろいろな場所で、いろいろな時間を試してみてください。その努力の何倍もの心の豊かさが得られます！

05 自分で自分をお祝いする

心豊かに、イキイキと生きていくコツの1つは、「自分で自分をお祝いすること」だと思っています。

「お祝い」というと、だれかほかの人の誕生日や、結婚や昇進やその他の成功をお祝いするもの、というイメージが強いと思います。私もそうでした。でも今では、「自分の、自分による、自分のためのプチお祝い」をいっぱいするように心がけています。

「心がけて自分を祝う」というのもヘンな話かもしれませんが、これまでの私は、自分が何かを達成したり、ほかから評価をいただいたりしても、あまりテンションが上がることもなく、淡々と過ごしてきました。自分では「省エネなのよ」と笑っていますが、まわりの人からは「心電図ツー」と言われることも。

失敗したり、うまくいかなくても、あまり落ち込むこともなく、淡々としているのは省エネ型でラクなのですが、よい時には「よかった！」とちょっとでもお祝いしようと思うようになりました。お祝いといっても、「よかった！」とつぶやくぐらいですが、できた自分を褒めてあげます。小さなお祝いをいっぱいするようになって、ますます楽しくなってきました。

私の毎日のささやかなお祝いは、「今日もがんばったから、がんばった自分に乾杯！」と、好きな「コンテ」というチーズやナッツとともに、お気に入りの赤ワインを一杯いただくワインタイム。ワインに目覚めたのも、デニスが連れて行ってくれたフランスの船の旅でのことでした。

1日の終わりに、ゆったりと好きな時間を過ごして眠りにつく——日中にどれだけ大変なことがあったとしても、「ああ、いい1日だったなあ！」と花丸印で1日を終えることができます。

「お祝い」という形をとらなくても、**「一瞬一瞬を味わうこと」が幸福感につながる**ことがわかっています。ブライアントらの幸福研究（2007年）などから、日常生活の平凡な経験も「満喫する」態度を持つようにすると満足度が高まることが知られているのです。

特別な出来事でなくてもいい、毎日の生活の中で、見ること、聞くこと、味わうこと、体験することの1つ1つを、流してしまうのではなく、じっくりと味わうこと。

人生の午後に培いたいスキルです。

06

「ありがとうの相手」を探す

自分をお祝いするようになると、「ありがたいなあ！」と思うことが増えてきます。「これができてよかった！　お祝いだ」と思って振り返ると、「あの人が手伝ってくれたからできたんだよね、ありがたいなあ！」というように。

今日1日が「いい1日だったなあ」と思える日だったのも、自分の力だけでそうなったわけじゃない、と素直に思えるのです。「天気がよくてうれしいなあ！」と思えば、「お天道様、ありがとう」と。

「ありがとうの相手」を探してみましょう。

「だれかのおかげで、これができたんだよね、いまの自分があるんだよね。ありがたいなあ」と感謝の気持ちを持ったら、「ありがとう」でオシマイにするのではなく、「いただいたその〝おかげ〟を、今度は自分がだれかに渡さなくちゃね」と思いたい。

そうして、感謝と〝おかげ〟がどんどん広がっていくといいなあ！ と思います。

しみじみと「ありがたいなあ」と思う時、自然と笑顔になっているでしょう（しかめっ面で「ありがたいなあ」とはあまり言わないですよね）。そして、ありがたいなあと思う時以外も、笑顔でいたいなあと思います。「平均的な人は、1日に15回ほほえむ」と聞いたことがありますが、あなたは1日に何回ぐらいにっこり笑顔になっていますか？

笑顔と言えば、『幸せを科学する』（大石繁宏、新曜社）に面白い幸福研究の紹介があります。「大学の卒業写真で笑顔を見せている人のほうが、笑顔を見せていない人より、27歳の時点での結婚率が高いという結果や、52歳の時点での結婚への満足度も高い」という結果が発表されているのです。〝笑顔占い〟ができそうですね！

仏教では、「与えること」＝布施を重要な実践としています。「お布施」というと、金品を供与することと思いがちですが、地位や財産がなくてもだれにでもできるお布施もあります。「無財の七施《しちせ》」の1つ、「和顔施《わがんせ》」は、いつもにこにこと笑顔で接すること。笑顔は伝染しますから、笑顔の人のまわりの人も笑顔になり、優しい気持ちになるでしょう。

歩いていて道ですれ違う人の多くが厳しい顔をしているような気がします。その中で、和顔の人とすれ違うと、それだけでこちらもほっとしたりします。自分もそういうふうでいたいなと思います。

そして、**笑顔=口角を上げること。**

人生の午後に、できるだけいつも、口角を上げて笑顔でいることは、実はとても大事なことなのです。**頬や口元に忍び寄る人生後半の重力に逆らう！** ことですから。笑顔を意識せずに重力のなすがままにしていると、口元の下がった人相になってきます。本人にはその気がなくても、険しそうな顔に見えてしまいます。

人生の午後には、ふだんの表情も意識したいものです。柔らかい表情をしていると、心も柔らかくなります。それだけではありません。ふだんの表情によって、人生のピークを迎える20年後、30年後に、どこにしわが刻まれているか、どういう人相になっていくか、が決まってしまうからです！

07 自分が自分でいられる「ホームポジション」を見つける

人生の午後には、自分が住む場所も自分で選べるようになるといいですね。企業など組織に属している間は、なかなか自由にはいかないでしょうけど、定年退職後には、**「どこに住むか」の自由度も増す**かもしれません。

私は定年のない立場でもあるので、定年退職の年齢を待つことなく、「どこに住むか」を変えつつあります。冒頭に書いたように、数年前までは、自分が住む場所を変えるなんて、自由に選んでもいいなんて、思ってもいなかったのですが（メンタルモデルですね）、今は元々の自宅と、海のそばに建つマンションの部屋と、2つを行ったり来たりの生活です。

コトの始まりは、執筆の〝自主缶詰〟でした。売れっ子の作家さんが「ホテルに缶詰になって原稿を書く」と聞いて、自分の場合は、出版社がホテルを取ってくれるわけじゃないけど、集中できそうでいいなあ！　と思って、試しにやってみたら、これがとってもよかった！

それから、集中して本を書いたり翻訳をしたりする時には、いつもの仕事から離れ、集中できる場所にこもるようになりました。私は（泳げないくせに！）海が大好きなので、東京から1～2時間で行ける範囲で、海の見えるホテルやペンションを探して予約し、部屋から一歩も出ずに仕事をしていたのです。

執筆に疲れて、または翻訳に行き詰まって、ふと目を上げれば蒼く輝く海――最高のロケーションで、仕事の能率も自分の幸せ度も上がります。ただ、ホテル代の負担以外にも難点がありました。ホテルやペンションはだいたい、15時チェックイン、10時か11時にチェックアウト。いちばん仕事をしたい昼間に部屋を使おうと思うと、連泊をしなくてはならない。それでも最初の日は午後の途中から、最後の日は午前中の途中までしか使えないのです。

もう1つは、夏休みなど、何日か続けてこもりたい！　と思っても、なかなか部屋の空きがないこと。目の前が海！　という最高のロケーションのホテルやペンションですから、予約が取りにくいうえに、夏は特別料金で高くなっています。
「使いたい時にもっと使えたらいいのになあ」とため息をつきながら、お気に入りのホテルをチェックアウトしたある日のこと。そのホテルの隣に、マンションがあることに気がついたのです。「もし、マンションの部屋を買えたら、いつでも好きなだけこもれる！　しかも海の真ん前！　でも高いんだろうなあ」

さっそくネットで調べてみたところ、売りに出ている部屋がありました。自宅のマンションの部屋と面積は同じぐらいなのに、首都圏ではないためでしょう、半額以下の売値です。地元の不動産屋さんに問い合わせてみたところ、「今が底値だと思います」。思いのほか手頃な価格で購入することができたのです。

それが5年前です。それからは、週末を中心に「窓の外は海」の暮らしをエンジョイしています。自宅からも、職場からも、都心からも1時間ちょっとで行けるので、気軽に行ったり来たりしています。

地元の自然栽培の農家と出会って野菜を配達してもらったり、行きつけの居酒屋の女将さんと仲よくなって（お店のメニューを英訳してあげたのがきっかけでした）女子会をしたり。海辺のジョギングも気持ちよく、日曜朝市や土曜夕市で、農家や漁師さんとおしゃべりしながら、地元の魚や干物、とりたての農作物などを買えるのもうれしい。

この第2のホームは自分のお城です。どんなに忙しくても、どんなに大変なことがあっても、いつでもいつもの自分に戻れる「ホームポジション」があることは、私の心にも魂にとってもこの上なく安心で幸せなことだと思っています。

こんな私の暮らし方は、国土交通省の研究会が提唱している「二地域居住」の一例のようです。「都会に住む人が、週末や一年のうちの一定期間を農山漁村で過ごすという暮らし方」。「観光」でもなく、「定住」でもなく、その間というイメージです。

そんな暮らし方の可能性も含めて、90代のピークに向けて、「どこにどのように住むのか」「自分が自分でいられるホームポジションをどこに持つのか」を考えたり、試したりしてみるのもいいかもしれません。

また、本当に「家」を替えなくても、今の家の中に、自分の「ホームポジション」となる特別な場所をつくるのもいいでしょう。子どもが巣立ったあとの部屋を、自分の書斎にリフォームした知人がいます。彼女にとっては、そこが「ホームポジション」。

どんな時でも、慌ただしさや忙しさから一歩離れて、自分自身に戻れる場所を持つことは、持続可能な幸せの土台となってくれます。

08

自分をゆるめる

お化粧しっぱなしではお肌によくないように、心のハリと潤いにとっても、自分をゆるめる時間を持つことが大事です。弛緩しっぱなしでも緊張しっぱなしでもなく、ぎゅっと力を入れたり、ゆるめたり、というメリハリが大事。それがいつまでもみずみずしくイキイキした心をつくるのだと思うのです。

自分をゆるめるために、私が特に意識しているのは**「呼吸」**です。焦ったり緊張したり落ち込みそうになったら、ゆっくり呼吸すること。そうすると、ぎゅーっと縮んでしまった自分の心からふーっと力が抜け、ラクになります。

私が呼吸の大事さに気づいたのは、同時通訳の仕事をしていた頃でした。いろいろな通訳者と組んで3人1組で同時通訳ブースに入るのですが、ベテラン通訳者はつねに落ち着いたきれいな通訳をします。ベテランでない通訳者と何が違うのだろう？人より遅く通訳者になった私は、ベテランへの近道（？）を知りたくて、ベテランとそれ以外の通訳者の違いをいろいろ探しました。

違いはいろいろあったのですが、その1つが「呼吸」だったのです。ベテランでない通訳者、特に新人は、呼吸がとても浅くて、焦りが呼吸にも出がちで、聞いている側が苦しくなってくるほどです。それに対して、ベテラン通訳者は、どんな時でも落ち着いた深い呼吸をしているのでした。

「型から入ろう（?.）」と思った私は、呼吸を意識するようになり、通訳ブースにたびたび降ってくる非常事態やパニック状況でも、呼吸によって落ち着きを取り戻せることを体感したのでした。

特に戦闘状態や緊張状態になくても、吸ったり吐いたりという、自分の自然な呼吸に注意を向けることで、心の余分な力がフッと抜けます。「今この瞬間、ここにいる」自分でいることができ、「昨日までの過去が気になり、明日からの未来を心配しがちな自分」をゆるめることができます。近年注目が集まり、定着した感のある「瞑想」や「マインドフルネス」は、まさにこういうことなのだと思います。

私はかつて、「瞑想とは悟りのためのもの」と思って敬遠していたのですが、あるきっかけから少しずつやってみるようになりました。今では、「瞑想とは、集中力や心のリラックスにつながるもので、別に悟りを啓くためのものでなくてもいいんだ」と思っています。

それでも「瞑想」というとちょっと大仰な気がするので、**「心のアイドリングタイム」**と呼んでいます。毎朝10分ぐらい、呼吸に注意を向ける静かな時間をとります。「人間は気が散ってしまうようにできている」ので、呼吸に注意を向けているはずが、昨日のあれこれや、やるべきことのあれこれなど、いろいろな想念が浮かんできます（雑念とか妄想と呼ばれるものです）。

浮かんでくるのは仕方がないのです。大事なのは、想念が浮かんできても、「ギアを入れずに、放っておくこと」。想念が浮かんでも、それについていかないように注意します。

「あ、あれをやっていなかったな」と思い出したとしましょう。ふだんなら、「だから、あの人に連絡しなきゃ。ああ、それだ、あの人には、今週の予定も伝える約束だった、予定表はどこだっけ？　ええと、それから……」と浮かんだ想念についていってしまいます。

でも、瞑想タイムの心はニュートラルギア。ニュートラルギアはギアが噛み合っていない状態なので、動力が伝達されません。同じように、最初の想念が浮かんでも、そこから次々と伝達されていかなければよいのです。「あ、やっていなかったことを思い出した」と、想念が生まれたことは認めて、また呼吸に注意を戻します。そのうち、また気もそぞろになっている自分に気がつくわけですが、「気がついたら戻す」だけでいい。

過去でも未来でもない、「今ここ」に自分が確かに存在していることを感じる時間は、自分をゆるめ、魂を満たすしみじみとした幸せ時間です。

09

魂の悦ぶ時間をつくる

「いつも笑顔の人は、お肌にハリがある」そうです。たしかに、いつも無表情で顔の筋肉を動かさないでいると、ハリも潤いもなくなってしまいますよね。

心も同じです。魂の悦ぶ時間をいっぱいつくりましょう！　絵画や音楽、映画やミュージカルなどに心を揺さぶられる時間。仕事以外の本を夢中になって読む時間。海をぼーっと眺めている時間。

魂の悦ぶ時間は、たとえ一瞬でも、自分を豊かにしてくれます。**1日に1つ、「美しいなあ！」と思えるものを見つけることをオススメします。**青空にくっきりと浮かぶ白い雲や、木漏れ日がちらちらと踊る様子に、一瞬立ち止まって、「きれいだなあ！」と思うことは、魂に栄養をあげることでもあるのです。

1日1回は空を見上げましょう。コンクリートジャングルの都市でも、見上げさえすれば、空を見ることはできます。部屋の中ばかりにいないで、そよいでいる風を見に行きましょう（樹木の枝葉や草花が揺れながら、風を見せてくれます）。おひさまに挨拶しましょう。

道ばたの草を〝発見〟しましょう。道ばたの草に目もくれない、慌ただしく（「心が荒れる」と書きます）、忙しい（こちらは「心を亡くす」ですね）人生の午前中の生き方から、道ばたの草を慈しむ、心を潤す人生の午後の生き方へ。

月に1度でも、自然と一体になれる場と時間を持ちましょう。まずは、自分の好きな自然の中の場所を探してみませんか。潮騒。風の音。星空を眺める。流れる雲を眺める。「おーい、雲よ」と呼びかけてみる。

おうい雲よ
ゆうゆうと
馬鹿にのんきそうじゃないか
どこまでゆくんだ
ずっと磐城平《いわきたいら》の方までゆくんか

私が海の見える小さな部屋で仕事をしていると、時々ベランダの手すりに小鳥がやってきます。スズメよりは大きく、黒っぽい色の鳥です。そのさえずり声の澄み切ってきれいなこと。キーボードを打つ手を止めて、じーっと聞き入っているうちに、ふっと飛んでいってしまいます。

その数十秒は、魂の悦びを感じられる、幸せな時間です。

（山村暮鳥《ぼちょう》、「雲」）

第 6 章

90代にピークをもっていく！

人や社会との つながり方

01

人生の午後は、人間関係を見直すチャンス！

老後に幸せな生活を送り、成功を収めるための決定的な要因の1つとしてよく挙げられるのが、「周囲の人たちと質の高い関係を維持すること」です。

少し前に、世界中で2400万回以上再生されるほど大評判になったTEDトークがあります。700人以上を75年間にわたって追跡した「ハーバード成人発達研究」からわかった「幸せな人生を送る秘訣」を、研究ディレクターの心理学者ロバート・ウォールディンガーが話している動画です。いわく、

「この75年間におよぶ研究からわかるのは、富でも名誉でもなく、いい人間関係こそが私たちの幸福と健康を高めてくれるということです」

「大切なのは、友人の数でも交際相手の有無でもなく、身近な人たちとの人間関係の質なのです」。

長期的な研究を待つまでもなく、私たちの成長や幸せにとって「人との関係」が大きな鍵を握っていることは多くの人が感じていることでしょう。「人間」とは「人の間」と書くように、私たちはだれもが人と人との関係性の中に生きているのですから。

では、人生のピークを90代にもっていく! ために、人生の午前とは異なる、どのような人とのつながり方、つきあい方を身につければよいのでしょうか。

すでに存在している人間関係の中に「入れられる」ことの多い人生の午前を経て、人生の午後にさしかかると、もっと自由に、軽やかに生きていくことが可能になります。自分自身で自分の人間関係を考えたり、つくり出したり、変えたりしていくことができるのです。言ってみれば、**自分の人間関係を自分でプロデュースできる!** ワクワクしませんか?

人生の前半の対人関係では、「いかに広げるか」に力を入れることが多いでしょう。名刺の数、SNSでの友だちや「いいね!」の数などが大事だったりします。

それに対して、人生の午後は、「数より質」です。会社勤めの頃に比べれば、知人や友人の数は減っていくでしょう（それはほっとすることかもしれません!）。では、今なおつながっている人々と、どういう質の関係性を維持したらよいのでしょうか？　改善したい対人関係があったら、改善していきましょう。新しい人間関係を考えながらつくっていきましょう。人生の午後における、自分の人間関係のプロデューサーは自分しかいないのです！

02 基本は「自分の足で立つこと」

私たち人間はひとりでは生きていけません。けれど、だれか・何かにもたれかかっても幸せには生きていけません。**幸せに生きていくためには、「自分の足で立つこと」と「みんなと生きること」のバランスを取ることが大事です。**

人生前半からずっと組織に所属してきた人には、人生の午後にさしかかって、「自分の足で立つこと」と「みんなと生きること」の両方につまずく人が少なくありません。そうならないよう、人生のピークを90代にもっていくうえでも、「人生の午後の人とのつながり方」は、少しずつでも考え、試していきたい領域です。

なぜつまずくのか？　1つの理由は、会社や家庭での役割を一生懸命果たしているうちに、その役割が自分自身のアイデンティティとなってしまい、「自分の足で立つこと」を忘れてしまうことです。

私は時々、企業研修でイジワルな演習をやってもらうことがあります。名刺を出してもらって、白色の修正テープで企業名や肩書きを消してもらいます。そして、「自分の名前だけの名刺」を交換しながら、互いに自己紹介をしてもらうのです。

組織以外にも居場所と出番がある人はすらすらできますが、「うっ」と詰まってしまう人も少なくありません。「自分を部長と呼んでくれる人がいるから自分のアイデンティティが保たれていたんだ……」と組織にもたれかかっていた自分に気づくのです。

「○○ちゃんのお母さん」と呼ばれ、その役割を果たすことが自分の人生の大部分になってしまっていると、子どもが親離れする時期に、大きな喪失感を覚えることになります。これも、「○○ちゃんのお母さん」以外の本当の自分を忘れてしまっているからでしょう。英語でも empty nest syndrome（空の巣症候群）と言いますから、日本だけではなく、普遍的に見られる現象なのかもしれません。

人生の午前中には、「だれかに認められるから自分がある」というように、「自分とはだれか」の確認までだれかに頼って生きてきたかもしれません。**そろそろ、基本的には「自分のことは自分でする」と、自立していかなくてはなりません。**そうでないと、定年退職後や子どもの独立後に、次なる依存先を探し求めるようになります（依存先が配偶者に向かうと、「濡れ落ち葉」などと煙たがられたりします）。

「自分の足で立つ」といっても、すべてを自分だけで完結する、ということではありません。人とのつながりの中に生きていくことが基本です。でもそれは、だれかにもたれかかって生きることとは異なります。

だれかと手をつないで歩いていくことは素敵です。でもそれは、それぞれが自分の足で立っているからこそ、できることなのです。

03

大切な人と「本当に大事なこと」を話す

私の尊敬する70代の大先輩は、「もし人生の午後の生き方をやり直せるとしたら、何をやり直したいですか?」と尋ねた時、「愛すること」と即答しました。そうして、「大切な人間関係に無条件の愛を注げばよかった、といつも思います。残念ながら亡くなってしまったので、かないませんが」と。

ディック・ライダーは、「自分の大切な人間関係を考えて欲しい。あなたと大切な人は、〝本当に大事なこと〟を対話しているだろうか」と問います。

自分のまわりの、自分にとって大事な人と、差し障りのないありきたりの会話ではなく、「本当に大事なこと」を話し合っているでしょうか。相手が「いつもの会話」よりも深い話をしはじめた時に、スマホや本など手にしているものを下に置いて、しっかりと相手を見て、じっくりと耳を傾けているでしょうか。

自分にとって大事な人とはだれなのか。自分はその大事な人と、どういう関係性の中で生きていきたいのか——最初は、照れや気恥ずかしさがあるかもしれません。もし長年、「口にしなくてもわかるはず」「察してくれ」でやってきたとしたら、特に最初のうちは自分自身も抵抗があるでしょうし、相手もびっくりするかもしれません。

でも、そうやって、まわりの人との関係を、1回1回の機会をじょうずに活かしながら深めていくことは、自分の芯をつくる作業でもあるのです。

You are what you do, not what you say or think.（言っていることや思っていることではなく、やっていることがあなたなのだ）と言われてしつけられたのよ、という海外の友人がいます。ちょっと試してみましょうか。

自分にとって大事な人を思い浮かべます。**自分がその人に対して何をしているか、第三者からどう見えているか、客観的に書き出してみましょう。**その行動で、大事なその人との関係性をしっかり築き、維持できそうでしょうか？

「親を大事にしている」という人がいます。でも、第三者がその人の行動を見ていると、親を訪問することもなく、手紙や電話を寄こすこともないとしたら、本当に親を大事にしていると言えるのでしょうか？　あるいは、「配偶者は自分にとって大事な人です」という言葉を裏打ちできる行動をとっているでしょうか？

「90代の自分」のビジョンが、毎日1日中ひとりきりで過ごす、というものでないとしたら、人生の午後に、少しずつでも、まわりの人との「より深く意味のあるコミュニケーション」の扉を開いていけるよう、意識し、練習していきたいですね。

04

「卒婚」というオプション

近年、結婚しない人や離婚する人も増えてきました。「結婚はするもの」「一度結婚したら添い遂げるべき」といった「結婚」に関するメンタルモデルや社会通念が人々を縛る力がゆるんできたこともその一因なのでしょうね。

序章にも書いたように、私も「結婚はするもの」「一度結婚したら添い遂げるべき」と当然のように思っていましたが、人生の午後にさしかかり、そういった結婚についてのそれまでのメンタルモデルを脱ぎ捨てたのでした。

私の「卒婚」の詳しい話をしましょう。23歳で学生結婚した頃の私は、自分がその後、猛勉強して同時通訳者になり、環境分野で活動するようになるとは思ってもいませんでした（英語の猛勉強を始めたのが29歳、通訳デビューが31歳、環境分野での初仕事は36歳の時でした）。

結婚当時は、企業の商品開発部に勤めていました。仕事は面白かったですが、あくまでも「会社員」として与えられた業務を行っているだけでした。自分の人生のイメージは、「転職はするかもしれないけど、定年退職まで企業に勤めて、あとは……？」というぼんやりしたものでした。

夫は私より2つ年上で、先に企業に就職していました。仕事は熱心にしていましたし、高い評価も受けていましたが、とても忙しい毎日でした。「60歳になったら定年退職。あとは、ふたりでこたつでミカンを食べるのがいいなあ」とよく言っていました。「そうだねー」と私。特に「こたつでミカン」が魅力的だったわけではありませんが、それ以外のイメージも特にありませんでした。

しかしその後、『朝2時起きで、なんでもできる！』に書いたように、夫の米国留学中に大きな協力を得て猛勉強して、同時通訳者になることができました。子育てしながら仕事ができたのも夫のおかげでした。

そして、通訳者の仕事を通じて、環境分野に出会い、「これこそ、自分の一生をかけてやりたいことだ」と思うようになりました。環境分野での活動を続けていくために、最初はフリーランスで活動し、のちに小さな会社を立ち上げました。

フリーランスにも会社の経営者にも、定年はありません。幸か不幸か、取り組んでいる環境問題は、自分の一生の間に解決できそうもありません。「少しでもよい地球と社会を次世代に残すために、体力と気力が続くかぎり取り組んでいきたい」と思うようになったのでした。

そうして、のちに『人生のピークを90代にもっていく！』なんて本（この本です）を出すようになる「一生現役！」志望者となった私は、夫の「60歳でこたつミカン」の希望に添えなくなっていったのでした。「一生現役」志望者になるとは、結婚した23歳の時にはわからなかったことですから、仕方ない。どちらが悪いとかどちらの責任とかでなく、「結婚した時にはわからなかったよねぇ」という話です。

夫とはよく話し合いました。夫はやはり「こたつミカン」の家庭を希望します。私は「一生現役」の人生を生きたい。どちらかが折れて我慢するのもヘンな話だし、じゃ、それぞれの希望する道を進みますか、という話になりました。

子どもたちに不便や不安な思いをさせたくはなかったので、下の子が高校に入るのを待って、子どもたちにも「こういう理由で」と伝え、春のある日、夫とそろって区役所に行って、離婚手続きをしたのでした。23歳で結婚して23年目のことでした。

区役所の担当者もちょっとびっくりしたようでした。通常は離婚届は片方が出しに来るものでしょう。ところが私たちはふたりで一緒に、にこにこしながら出しに行ったのですから。「離婚届」でなく、「卒婚届」なんだけどなあと思ったことを覚えています。結婚卒業！　です。

今でも元夫とはふつうにやりとりをしていますし、何か困ったことがあればすぐにヘルプしてくれるありがたい存在です。彼はめでたく「こたつミカン」家庭を一緒に築いてくれる素敵な方と出会い、温かい家庭を営んでいるようです。


「添い遂げる」ことは、人生50年の時代にはふつうだったでしょうけど、人生90年の時代には、幸運なことかもしれません。長い人生、当初はわからなかった自分の進む道や望むあり方がわかってきたあとも、同じ人とやっていけるとしたら、それはとっても幸せなことです。

でも、そうでなかったとしても、そこから別の道を進むのもありじゃないかなと思うのです。どちらかが犠牲になったり我慢したりしていては、幸せな人生のピークを迎えることはできないでしょうから。

現在の私は、「100%自分の時間!」という恵まれた暮らし。のびのびとやりたいだけ仕事をし、行きたいだけ出張に出かけます。もともとひとりでいることが苦にならない性格なのでしょう、寂しいと思うこともありません。

SNSで朝の「おはよう」「元気~?」から、夜の「お休み」まで、その気になればいつでも家族や友人と〝会話〟できます。ふたりの娘たちやその彼氏たち、実家の両親、親戚などと、LINEやメールで連絡を取り合っては、食事会や飲み会をしたり、遊びに行ったりと、「拡大家族」を楽しんでいます。

05

友人の棚卸しをしてみる

ラーソンらが行った興味深い幸福研究（1986年）があります。退職した被験者にアラーム付き腕時計を渡し、ランダムに信号音が鳴ったその瞬間の気分、何をしていたか、だれと一緒だったかを記録してもらうという研究です。この方法によって、退職後の生活を送っている人々がどのような状況で幸せを感じているのかを、記憶に頼らず測定しよう、としました。

結果は、**「妻、夫や子供と一緒にいる時よりも、友人と一緒にいる時に最も幸福を感じている」**というものでした。そう、友人とのつながりは、幸せな人生の午後にとって、間違いなくなくてはならない重要なポイントなのです。

改めて考えてみると、「友人」ってちょっと不思議な存在ですよね。「仕事相手」でもなければ、単なる「知り合い」とも違う。重なる部分もあるでしょうけど「志を共にする仲間や同志」ともちょっと違います。

心理学者の河合隼雄氏が『大人の友情』（朝日文庫）の中で、「二人の関係を支えているXがあり、そのXが直接に利害関係では説明できないところに、友情の妙味がある」と書いています。ほんと、言い得て妙だなあと思います。

学校時代の同級生やかつての同僚など、「二人の関係を支えているX」が、「一緒に勉強したね」「あの仕事、がんばったよね」という過去の思い出や共有体験という場合も多いことでしょう。そういった人生の午前からの友人に加え、人生の午後に始めた新しい趣味や活動で知り合った友人もいることでしょう。その場合の「X」は、共通の趣味や関心、現在進行形の体験かもしれません。

いずれにしても、会って話をすることをお互いに楽しいと思える人、「その考えは正しい」とか「あなたのやり方は正しくない」とかいう以前に、「それは大変でしたね」とひとこと言ってくれる人がいることは、人生のほかの時期にもまして、人生の午後にはうれしいことです。

あなたには友人がいますか？　それはどのような年代の人たちでしょうか？　自分

と同年代以外の人はいますか？　これまでの仕事関係のつきあい以外の人もいますか？

人生のピークを90代で迎えた時、どのような友人にいて欲しいでしょうか？　今のままの生き方で、それは実現できるでしょうか？

06 友人とのつながり方、4つのポイント

人生の午後の「友人とのつながり方」を考える時、これまで述べたことにも重なりますが、大事にしたい点が4つあります。

1つめは、「相手の思いや感情に寄り添う力」を培うこと。論理や判断よりも自分の思いや感情に寄り添ってくれる友人を得たければ、自分がそういう「友人」になることです。

特に、人生の前半に論理的思考力を武器に闘ってきた人は、もう1つの人間の能力である「共感力」を高めていけるとよいですね。

2つめは、「自分の足で立つ」こと。どんなに素晴らしい友人がいても、ひとりに

入れ込まない、頼り切らないこと。あくまでも自分の足で立った上でつながらないと、お互いに負担になってしまい、続かなくなってしまいます。

3つめは、「自分の友人関係は自分でプロデュースする」こと。「どういう人」と「どういう距離感」でつながるのかを自分で考え、試し、調整していくということです。その結果、ある程度の多様性とバランスのある友人関係をつくっていけるとよいですね。

「数十年間、お互い忙しくて連絡も取り合っていなかった」という友人と、旧交を温める機会をつくるのもよいでしょう。人生の午前中の友人しかいないなあと思ったら、趣味の会合や地元のグループなどに顔を出して、人生の午後に出会った人との友人関係を築いていくのもよいでしょう。

そして、人生の午前には我慢せざるを得なかったかもしれない「うっとうしいつきあい」は、「life is too short for ~」の魔法の言葉をつぶやきながら、じょうずに減らしていきましょう。人生の午後は、つきあいたい人とのつながりを大事にできる時期なのです。

4つめは、いろいろな世代の「友人」をつくること。人生の午前は、幼稚園・保育園から学校時代はずっと、ほぼ同年齢集団で過ごします。「勤め人」をしている間は、「労働人口に数えられる世代」とのやりとりがほとんどでしょう。人生の午後は、そういった制限や境界線を消し、現役時代には考えられなかったような友人もつくることができます。

90代にピークを迎える素敵な生き方は、「自分の足で立ち、ゆるやかにつながり、創造し続ける」人生だと考えています。創造力の鍵は、「多様性」です。いろいろなものがあるから、新しいものが生まれるのです。いろいろな世代・考え方・生き方の人たちと友人になることで、新しい発想や柔軟な考え方、それまでは考えつかなかったような行動が生まれることでしょう。

私が90代のピークを迎える頃には……近所の元気いっぱいの保育園児とも、ちょっと生意気な中学生とも、おしゃべりを楽しめたらいいなあ。高校生の友人とは人生談議を、大学生の友人とは「働くこと」について語り、30代でも60代でも、いろいろな世代の友人がいるといいなあ。

長く生きることのよい点の1つは、「相手がどの年齢であっても、自分もその年齢を経験したことがある」ということ。私が90代になる頃には、人間の寿命はさらに延びているから（国立社会保障・人口問題研究所の最新推計によると、2065年時点の女性の平均寿命は91歳を超えています！）、90代、100代の人生の先輩方の友人もたくさんいるだろうなあ。同じ時代を生きてきた友人たちと、すごく面白い話ができそう！　こんなふうに想像するとワクワクしてきます！

07 同志・仲間とは「思いの重なる範囲で」つながる

先ほど引用した河合隼雄氏は、そのあと、「共有するものとして、『目的』とか『理想』なんかをもってくるとどうだろう。この場合は、未来志向である。しかし、このような時は、仲間とか同志というのがふさわしく、必ずしも友人というわけではない」と書いています。

「仲間とは、目的や理想、志を同じくする人」だとしたら、そのつながり方は、友人とはまたちょっと違ってきます。人生の午後に、「大事だと思う関心事がある」「こういう未来を創り出したい」という思いを抱いて生きていく人も多いでしょうから、自分がいつも思っていることを書いてみます。

私は環境問題の分野で長く活動してきました。その経験から「同志や仲間とのつながり方」で大事だと思っているのは、**「自分の思いは熱く、人にはあっさりと」**ということです。

「この問題が重要」「これを何とか解決したい」という自分の思いは、いくら熱くてもかまいません。その熱い思いが原動力となって、日々の活動を支えてくれます。でも、その熱い思いを他人に押しつけてはダメなのです。

「エダヒロさんと同じ思いです。一緒に活動したい」と来られる方もよくいます。私はいつも「ありがとうございます。思いが重なる範囲でぜひご一緒ください」と答えます。

「思いや志が同じ」といっても、まったく同じ、ということはありえません。人間が違うわけですから。また、めざしているところが同じでも、方法論は違うこともよくあります。そんな時、「どちらの方法が正しいか」を争ったり議論したりして、結局ケンカ別れしてしまう、という例をまわりでたくさん見てきました。

思いや志をベースに行う活動は、ある意味、お金を介することで互いの納得性を高められる企業での業務より難しいなあと思います。お金をもらっているわけではなく、自分がやりたくてやるわけですから、「本当に自分が納得する形でやりたい」とみなが思います。

雇用者から与えられる仕事とは違って、「納得できなければやりません」と言うこともできます。「志や思いをベースに行う活動で、だれかの思いややり方にみなが従う」というやり方はうまくいかないのです。

ですから、せっかく「志が同じ」仲間でも、すべきだと思うやり方が違うのであれば、「それぞれの道をがんばって進み、山頂でお会いしましょう!」とエールを送って別れます。自分ががんばっている間、相手も違うやり方でがんばっているのだろうなと思うことは、励みになります。

活動していると、「参加したい」と来てくれる方もたくさんいます。私のモットーは、「来る者は拒まず、去る者は追わず」です。「来る者は拒まず」はよいのですが、「去る者は追わず」のほうはけっこう大変かもしれません。

一緒に活動していた仲間が「やめる」「別のことを始める」と聞けば、心穏やかではなくなります。裏切られたという感覚を持つかもしれません。私も最初はそうでした。

でも、「人はみんな違うのだから」「自分だって変わっていけば、違うことを始めるだろうし」と思うようになって、「卒業なんですね！　またどこかで会いましょう！」と送り出せるようになりました（実際に、そうして送り出したボランティアさんが、何年か別のところで活動して、また戻ってきてくれることもあります）。

肝心なのは、「自分はこの活動を、たとえひとりになってもやっていく覚悟があるのか」です。そのように腹が据わっていれば、人の出入りにも揺らぐことはありません。そして、いま一緒に活動できる仲間がいてくれることが、心からありがたいことだと思えるのです。

08

対人関係は「はず」より「かも」

人間関係の問題の原因を探っていくと、互いの相手へのメンタルモデルに行き着くことがよくあります。「この人はこういう人だ」「この人はいつもこうする」「この人は私をこう扱うべきだ」というメンタルモデルが、特に身近な人との人間関係の問題の原因となっているのです。

「この人は、大変な思いをしている私を理解し、共感してくれるべきだ」と（無意識にでも）思っていると、相手の対応によっては、「なんでわかってくれないの！」と激高して相手をびっくりさせたりします。

そんな時に効く、人間関係の悩みから自由になるためのアドバイス。それは「対人関係は『はず』より『かも』」。

「～はず」（こうしてくれるはず）と思っていると、相手の対応がそうでない場合、裏切られたような気がして、傷ついたり相手を傷つけたりしがちです。また、「～はず」と思っていると、実際に相手がそうしてくれても、感謝の気持ちが生まれません。これも人間関係にはプラスになりません。

そうではなく、「～かも」（こうしてくれるかも）と思っていると、たとえ、そうならなくてもショックが小さくてすみますし、そうなった場合は、ありがたみを強く感じるでしょう。

「この人は私のことを慰めてくれるべき」と思っているのに比べて、「この人は私のことを慰めてくれるかも」と思っていれば、実際には慰めてもらえなくても、ショックは小さく、対人関係にヒビが入りにくいでしょう。逆に、実際に慰めてくれたら、うれしくありがたく思えるでしょう。

ちなみに、この「『はず』より『かも』」というコツは、人間関係だけでなく、あらゆるものや出来事との関係から緊張をほどいてくれます。「この株は上がるはず」と思っていると、「なんで上がらないんだ！」と血圧が上がってしまったりします（！）。

プロの運用者でなければ、「上がるかも」ぐらいで買う方が、心の平穏を失わずにすみます。

09

定年後の幸せな地域デビューのために

地域やNGOの活動をしていると、「自分のこれまでのメンタルモデルに気がついて、ゆるめること」ができる人とできない人の明暗が分かれる様子をよく見聞きします。

たとえば、定年を迎えた男性が、まだまだ元気でやる気もあるし、自分の時間やエネルギーを用いて社会に貢献しようと、地域の活動やNGO活動に参加しようとします。それ自体は本人のためにも社会のためにも、素晴らしいことです。しかしその時に、**企業や組織に勤めていた時のメンタルモデルを（無意識のうちにでも）持ち続けると、本人もまわりも大変になることがあります。**

大企業の管理職や学校の校長先生などを務めた人にありがちなのが、「自分が仕切らないと回らないはずだ」というメンタルモデルです。それまでの勤め先では確かにそうだったのかもしれません。「人に指図して管理する」ことが自分のアイデンティティにもなっているのかもしれません。

こういう人が地域の小さなグループやNGOに参加すると、かつての職場と同じように、自分が人に指図し、全部を仕切ろうとして、「これまでのやり方も知らないくせに、自分ではちっとも動かないくせに、指図ばっかりして」とひんしゅくを買ったり、疎まれてしまったりします。

せっかくのやる気を活かせない本人も不幸ですし、これまでの地道なやり方を引っかき回されるグループやNGOにしてもいい迷惑です。

「郷に入れば郷に従え」とは、場が変われば、自分のメンタルモデルも変えなくてはならない、ということです。地域のグループやNGOにはその組織なりの動き方があります。その人が参加するまえから(まえのほうが?)物事は進んでいたはずです。

そうした時に、自分のこれまでのメンタルモデルを押しつけてみんなに迷惑を掛けるのではなく、「おや、これまでのようにはいかないんだな。ここではどのように物事が進んでいるのだろう? 自分が仕切りたくなるのは、自分がどう思い込んでいるからなのだろう?」と立ち止まって考えることができるかどうか。

そして、必要があれば、「ここでは、自分が仕切らなくてもよい。いや、仕切らない方がよいのだ」と、それまでのメンタルモデルをゆるめたり、変えたりすることができるかどうか。

繰り返しになりますが、幸せな地域デビューも含め、人生の午後を楽しくラクに生きていくためには、人生の前半につくり上げてきたメンタルモデルに気づき、ゆるめることが大事なのです。

家に引きこもりがちの、リタイアした男性の「たまり場」をつくろうと東京都世田谷区で平成14年に始まった「おとこの台所」というグループがあります。現在は区内の10ヶ所で300人を超えるメンバーが（最初は包丁もエプロンも初めて！ という方も多いそうですが）お揃いのエプロンで毎月調理をし、居場所づくり・仲間づくりを広げているグループですが、ここでのルールは、シンプルに**「いばらない、命令しない、迷惑をかけない、過去を語らない」**だけだそうです。「人生の午後の人とのつきあい方」をストレートに教えてくれるルールですね。

企業の人事担当者にはよく、「定年退職を迎える方々には、企業の論理と階層でやってきた〝会社人〟から、社会の中でちゃんと人間関係を築ける〝社会人〟へのリハビリ（?）をしてから、家庭や地域に戻してくださいね」とお願いしています。

一人ひとりが自分でも気をつけて、新しいあり方を取り入れていくこと。そうすることで、家族とも地域の人々とも、気を遣わない・気を遣わせない対等な関係性が広がります。自分の足で立っているからこそのつながりが、幸せをもたらしてくれるでしょう。

10 退職後の「居場所と出番」を考えておく

私たちが幸せのために求めるものは、人間関係に求めるものも含め、状況によってても人生のタイミングによっても変わってきます。

米国の心理学者アブラハム・マズローが人間の欲求を5段階の階層で示したものに沿って考えるとわかりやすいでしょう（次ページの図参照）。

「食べるものさえ十分にない」という状況では、「食べる、水を飲む、睡眠をとる」といった生理的欲求をかなえることが喫緊の課題となります。

生理的欲求がかなうと、「身を守りたい」という安全の欲求が生まれます。衣服や住む場所、経済的安定や健康の維持などが、安全の欲求を満たしてくれます。

次に現れるのが、所属の欲求です。食べ物に困らなくて安全は守られていても、それだけでは十分ではない。「自分はひとりぼっちではなく、どこかに所属している」

「自分はだれかに必要とされている」という感覚を持ちたいと思うのです。

所属の欲求が満たされると、単にどこかに属しているだけではなく、「その集団から価値ある存在と認められたい」という承認の欲求が現れます。

ここまでの欲求が満たされると、自己実現の欲求が生まれます。「自分の持つ能力や可能性を最大に実現して生きたい」という欲求です。

ところで、幸福研究の分野には、「人生のある出来事が幸福度に与える影響」を時間を追って調べる研究がいくつもあるのですが、とても興味深いことがわかっていま

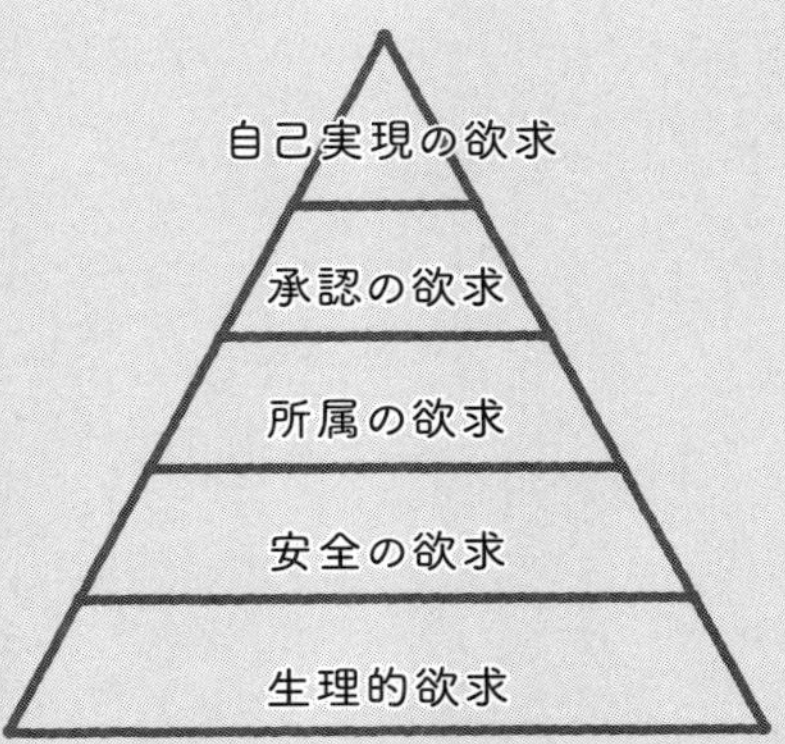

マズローの欲求5段階説

す。たとえば、「結婚」「配偶者の死」という出来事は、幸福度に大きな影響を与えることが多くの研究からわかっています。でも、その影響は1〜2年で消え、幸福度は元のレベルに戻ります。

ところが、**3年たっても4年たっても幸福度が戻ってこないものがあります。それは「失業」なのです。特に男性は、5年たってもほとんど改善がない状況です。**失業者に、失業前の賃金と同額のお金を支給したところ、それでも幸福度は回復しなかったという結果もあることから、単にお金（生理的欲求や安全の欲求を満たす手段）だけの話ではないことがわかります。

「仕事」はマズローの5段階の欲求のすべてを満たすものだからこそ、失われた時のダメージが大きいのだ、と私は考えています。お給料があるから食べていける、家に住み続けることができる、というだけではなく、帰属感を持ち、（時々でも）承認してもらい、そして、自分の力を発揮し、可能性を実現する場としての「仕事」は、私たちの幸福度に大きな影響を与えているのです。

「退職後もお金に困らないように」という取り組みは、生理的欲求や安全の欲求を満たすことはできても、それだけでは十分ではありません。会社から退職するとは、これまで自動的に満たされていた所属や承認、自己実現の欲求を満たす方法を、自分で考えて取り組まなくてはならない、ということなのです。

自己実現の欲求は、「ひとりでこもって学問を追究する」「陶芸の道を究める」など、ひとりでもある程度満たすことができるかもしれません。でも、所属の欲求や承認の欲求は、相手あってこそ。ひとりでは満たすことはできません。

会社や家族という、これまで所属の欲求を強固に支えてくれていたものから卒業したあと、「自分はここに属している」という感覚をどこから得ますか？「上司は自分のことを認めてくれていない」とぼやいていたとしても、部下があなたの決裁印を必要とするなど、会社は承認欲求を満たしてくれる場でもあります。定年退職したからといって消えるわけではない自分の承認の欲求を、どうやって満たしますか？

所属の欲求や承認の欲求を満たしてくれる、自分なりの「居場所と出番」を考えて用意しておくことが、幸せな人生の午後には必須です。

孫の世話でもよいでしょう。若い人の指導や支援でもよいでしょう。地域活動やボランティア活動でもよいでしょう。「挨拶したり話し合ったりする相手がここにいる」「自分は必要とされている」「自分は役に立っている」という感覚が、揺るぎない自分の芯をつくり、自分を支え続けてくれます。

そのために、**人生の午後にさしかかったらやっておきたいことの1つは、「80歳になっても、自分がやりたいと思うこと、楽しめることで、まわりや社会の役に立つこと」を探したり、試したりすること。**

私にとって、そんな活動の1つは、「これは大事な活動だ」と思うプロジェクトの寄付金を集めるお手伝いをすること。フルマラソンを走る時に、「チャリティラン」として寄付金を呼びかけたりしています。

ネパール大地震で倒壊してしまった学校の校舎を再建しようという知人の先生の呼びかけに応じて、京都マラソンでチャリティランをさせてもらったこともあります。そこからの寄付金もあわせて、教室が再建されたと聞いて、「役に立ててよかった！」ととてもうれしく思いました。

年をとってマラソンが走れなくなっても、たとえ寝たきりになっても、ネットを通じてのクラウドファンディングで、寄付や投資・融資に参加することができます。フェイスブックや知り合いへのメールなどで活動支援を呼びかけることはできます。これなら80歳になっても90歳になってもできそうです!

11

実証された「情けは人のためならず」

幸せな人生の午後につながる人や社会とのつきあい方を考える上で、「情けは人のためならず」というのは、含蓄に富むことわざです。

文化庁の「国語に関する世論調査」によると、近年「人に情けを掛けて助けてやることは、結局はその人のためにならない」という意味だと考える人が半分近くいるそうですが（！）、ここでは、もともとの「人に親切にすれば、その相手のためになるだけでなく、巡り巡って結局は自分のためにもなる」という意味です。

最近の幸福研究で、「人に親切にすれば、巡り巡ってくるのを待たずとも、自分の幸せにつながる」ことがわかっています。いくつか紹介しましょう。

ハーバード大学経営大学院のマイケル・ノートン准教授らは、「自分ではなく、他人のためにお金を使うと幸せに感じるかどうか」を測る実験をカナダとウガンダで実施しました。その結果、どちらの国でも、**お金を他人のために使った人のほうが幸せを感じていた**こと、**お金の使い道よりも「だれかのために使った」という事実のほうが幸福感を得るためには重要**であることがわかりました。

また、既存のデータ分析より、世界のほとんどの国で、慈善活動に寄付をした人のほうが寄付していない人よりも幸福感が高いことがわかっています。

『幸せのメカニズム』（前野隆司、講談社現代新書）に、「5ドル実験」という実験の紹介があります。2つのグループに分けられたメンバーがひとり5ドルずつもらう際、グループ1は「自分のために使うように」、グループ2は「他人のために使うように」と、指示を与えられます。のちに両グループの幸福度を測ったところ、グループ2のほうが幸福度が高まっていた、という結果が得られました。

『幸せを科学する』には、日本人の学生を対象にして、自分が親切をした際にそれを記録することを1週間行い、何もしなかった対照群と比較した調査が紹介されています。1ヶ月前と1ヶ月後に幸福感を測定したところ、対照群では幸福感に何の変化もなかったのに対し、「親切をしたら記録する」グループでは、1ヶ月後の幸福感は1ヶ月前より有意に高いというきれいな結果が出たとのこと。

「月に1回ボランティア活動に参加するだけで、所得が倍増するのと同じくらい幸福感が高まる」という研究結果もあります。

まさに「情けは人のためならず」。人に親切にしたり助けてあげたりすることは、そのすぐあとに幸福度が上がり、また、いつか巡り巡って自分に戻ってくるとしたら、二度おいしい（！）ことなのです。

心理学者・哲学者のエーリッヒ・フロムは、「孤独感から抜け出すには、『与える行動』をすることだ」と述べています。

精神分析医アルフレッド・アドラーが、憂鬱症の患者に対していつも言っていたことがあるそうです。「この処方どおりにしたら、2週間できっと全快しますよ！　それは、どうしたら他人を喜ばすことができるか、毎日考えてみることです」。

「してもらう」から、「してあげる」側へ。

「与える行動」によって、日々の孤独感から抜け出せるだけでなく、日々の暮らしで感じる喜びも大きくなります。そう思って、日頃の人とのつきあい方を振り返ってみませんか。

12

未来の社会にお返しをしよう

先日、高校時代の同窓会に出た女友達が言っていました。「大企業に勤めている男子たちは、50歳も過ぎると、組織での先が見えちゃうらしくて、『あとはロスタイムを生きるだけだよな』なんて淋しく言い合っているのよー」

人生の午後を生きていく中で、人生の前半から自分ががんばり、闘い、評価されてきた会社や組織を離れることは、大きな転機となります。「自分が役立てる時期は終わった」「自分はもう社会から必要とされていないのではないか」――これが定年退職者にとっての大きな実存的不安の根源となります。

ディック・ライダーも同様なことを言っています。「60代、70代、80代のほとんどの人は、死を恐れてはいない。彼らの最大の恐怖とは、自分の人生に意味がなかったのではないか、という恐れだ」。

人生に意味を与えるのは何でしょうか？　もちろん、自分が何を求め、何を得るかも大事でしょう。しかし、多くの人にとっては、自分自身の要求や欲望を超えて、「自分の人生や仕事は、より大きな世界や社会に役立っている」という感覚が「自分の人生には意味がある」と思わせてくれるのではないでしょうか。

欲求の5段階説を唱えたマズローですが、晩年「自己実現の先に、もう1段階ある」と言っていたそうです。それは、「自己を超越し、他人やコミュニティの発展を願う欲求」でした。

社会での役割を果たしたいというのは、人間の根本的な欲求の1つでもあり、いかにその欲求を満たせる自分になっていくか――これも、人生の午後の課題の1つなのです。

人生の午後まで無事たどり着くことができた私もあなたもとてもラッキーです。そして、それは自分だけの力ではありません。時空を超えて、多くの人々や生きとし生けるもののおかげでもあります。

人生の午後を進み、いわゆる稼ぎ手としての〝現役〟から退いたあとも、社会の中での役割を果たすことができますし、それが求められています。「あとはロスタイムだから」とぶらぶらしていては、本人も幸せではないし、まわりや社会にとっても、それこそ「ロス」（損失）になってしまいます。

今度は自分がお返しをする番なのです。人のためにできることをしましょう。どんなに小さなことでもよいのです。身の回りや社会の中で、困っている人がいたら、どんな手がさしのべられるか、考えてみましょう。とりわけ、若い人を応援・支援できることを探しましょう。少しでも実際の行動につなげましょう。

社会の格差や不平等の是正のために、地球の持続可能性のために、自分に何ができるでしょうか？　生かされてきたからこそ、お返しをしましょう。どんな恩送りができるでしょうか？

自分の命という限界を超えるつながりの環の中に存在している幸せを感じることができた時、自分の人生に終わりが来ることも、恐いことではなくなることでしょう。

おわりに
――今を大事に生きる

「いい人生とはプロセスであって、状態ではない。方向であって、目的地ではない」

――カール・ロジャーズ

「私は人生のピークを90代にもっていくつもりなんです」と話すたびに、講演でも対談でもインタビューでも雑談でも、相手の目が丸くなります。

だれもが破顔一笑。そして、私が本気だと知ると、「どうやって？　自分も知りたいです」と真剣な顔つきになられます。

「どうやって？」の答えを、自分なりに整理して考える、いろいろな文献や研究結果を読んでさらに考える、いろいろな人の話を聞いてさらに考える――このプロセス自体が、自分にとっての宝物となりました。その「現時点での集大成」を読んでいただけてうれしいです。1つでも2つでも、参考になったり考えるきっかけになったりするものがあれば、と心から願っています。

人生の午後の生き方について書いた本があるなんて、人生50年の時代の人たちが聞いたら、さぞやうらやましがることでしょう。「私たちの時代は、それどころじゃなかった。勤め上げ、育て上げたら、もうあの世からお呼びがかかったのだから」と。

他方、人生の午後の生き方を考える必要もなかったのは幸せだった、という見方もあるかもしれません。でも、やっぱり、人生の午後の生き方を考えられることは、とても大きな恵みだと思うのです。

「どんな過去の経験も、それが快いものだったか、苦しいものだったかは、ピーク時と終了時の快・苦の度合いによって、ほぼ完全に決まる」という「ピーク・エンドの法則」が教えてくれるのは、人生の前半がいかに苦しかったとしても、どれほど退屈だったとしても、**90代にピークを迎えることができれば、いい人生として終われる**ということ。「終わりよければすべてよし」なのです。

「ああ、いい人生だったなあ」と言って最期を迎えることができる。そう思うと、

「90代に人生のピークをもっていく！　生き方」は、「エンドをピークに」ですから、「とっても幸せな人生」に直結します。

自分のメンタルモデルをゆるめること。
人生の午後を生きていく上でめざす新たなビジョンを描くこと。
自分の手持ち時間を自分の役に立つように用い、時間を味方にすること。
いくつになっても自分の成長を願って努力すること。
自分の心や魂を育てること。
人や社会、未来とのつながり方を工夫していくこと。

そうすることで、自分の足で立ち、ゆるやかにつながり、創造力と生命力あふれる日々を送ることができる。他人に左右されない「幸せの自給率」を高めることができる。「追いかけて獲得する幸せ」とはまた深みの違う、「しみじみと湧き上がってくる幸せ」を味わうことができる。

私は今「50代の自分がいちばん好きだなあ」と思っています。本当に幸せなことです。このあとも、「60代の自分のほうがさらにいいなあ」……と続いていき、「90代の自分がサイコー！」となるように生きていけたら、本当にいいなあ！　と思っています。でも、思うだけ、願うだけでは、実現しないと思うから、いろいろ自分で考えたり試行錯誤したりを続けています。それ自体がとっても楽しいですし！

本書はその「現時点でのガイドブック」です。人生の午後を心豊かに生きたいと思っている方の参考になればうれしいです。

生涯現役！　志望の私の本望は、「志半ばに倒れる」こと。よく「あの人は志半ばに倒れて、さぞや無念だろう」と言ったりしますが、最期までやりたいことに取り組み続けることができる人生は最高に幸せだと思うのです。「志半ばに幸せに倒れる」ために、人生のピークを90代にもっていくために、今日も考えては試しています。

もちろん「人生のピークを90代に！」と大見得を切っていても、人生、何が起こるかはだれにもわかりません。でも1つだけ確かなことがあります。

それは「90代に人生のピークをもっていく」よう、毎日、頭と心と魂を整え、鍛えて生きていれば、どの日に人生が終わったとしても、「その日が人生のピーク！」なのです。

最後に、本当に大事な話を聞かせてくれた人生の大先輩たち、その生き方でいろいろなことを教えてくれている方々、仲間や友人たち、本当にありがとうございます。

「卒婚のこと、このように書いたんだけど、出版してもかまわない？」と送った原稿に、「僕の印象では、枝廣淳子氏の生き方は、いくつになっても、形を変えながら、人生のピークだけどねー」と言いながら快諾してくれた元夫にも感謝です。

そして、温かく支えてくれた大和書房の編集者・鈴木萌さん、構想から3年をかけてこの本を世に送り出すために手を貸してくれた『朝2時起きで、なんでもできる！』の編集者・青木由美子さん、心から感謝しています。

90代のピークまであと40年ほど、これからももっともっと、いろいろな工夫や試行錯誤が楽しめるなあ。90代にピークを迎えている私は、きっと「思えば遠くへ来たもんだ」とつぶやいているんだろうなあ。どんな自分になっているのか、本当に楽しみです！

枝廣淳子

枝廣淳子（えだひろ・じゅんこ）

1962 年生まれ。幸せ経済社会研究所所長、大学院大学至善館教授。（有）イーズ代表、（有）チェンジ・エージェント会長、東京大学大学院教育心理学専攻修士課程修了。

心理学をもとにしたビジョンづくりやセルフマネジメント術でひとり一人の自己実現をお手伝いするとともに、合意形成に向けての場づくり・ファシリテーターを、企業や自治体で数多く務める。環境問題に関する講演、執筆、翻訳、テレビ出演も多数。

主な著書に『地元経済を創りなおす』（岩波新書）、訳書に『不都合な真実２』（実業之日本社）、『システム思考をはじめてみよう』（英治出版）などがある。
90 代にピークをもっていくべく、二地域居住や卒婚など、変化を楽しみながら実践中。毎晩 1 杯の赤ワインが楽しみ。

人生《じんせい》のピークを90代《だい》にもっていく！

折《お》り返《かえ》し地点《ちてん》から、「死《し》ぬまでハッピーな人生《じんせい》」をつくる

2018 年 11 月 25 日　第 1 刷発行

著者――――――　枝《えだ》廣《ひろ》淳《じゅん》子《こ》
発行者―――――　佐藤　靖
発行所―――――　大和《だいわ》書房
東京都文京区関口 1-33-4　〒 112-0014
電話　03-3203-4511

装丁――――――　石間淳
本文デザイン――　松好那名（matt's work）
イラスト――――　大高郁子

カバー印刷―――　歩プロセス
本文印刷――――　信毎書籍印刷
製本――――――　小泉製本

ISBN 978-4-479-78455-5

http://www.daiwashobo.co.jp